2020年江门市哲学社会科学规划项目"邑商精神与邑商企业管理案例研究"（JM2020A04）标志性成果

2020年广东省哲学社会科学规划一般项目"新业态下广东乡镇企业非典型雇佣关系优化研究"（GD20CGL43）阶段性成果

邑商精神与现代企业管理

YISHANG JINGSHEN YU
XIANDAI QIYE GUANLI

向佐春 编著

暨南大学出版社
JINAN UNIVERSITY PRESS

中国·广州

图书在版编目（CIP）数据

邑商精神与现代企业管理/向佐春编著. —广州：暨南大学出版社，2022.4
ISBN 978 – 7 – 5668 – 3382 – 2

Ⅰ.①邑…　Ⅱ.①向…　Ⅲ.①商业文化—概况—广东 ②企业管理—研究—中国　Ⅳ.①F729 ②F279.23

中国版本图书馆 CIP 数据核字（2022）第 033655 号

邑商精神与现代企业管理
YISHANG JINGSHEN YU XIANDAI QIYE GUANLI
编著者：向佐春

出 版 人：张晋升
责任编辑：黄文科　刘碧坚　冯月盈
责任校对：孙劭贤
责任印制：周一丹　郑玉婷

出版发行：暨南大学出版社（510630）
电　　话：总编室（8620）85221601
　　　　　营销部（8620）85225284　85228291　85228292　85226712
传　　真：（8620）85221583（办公室）　85223774（营销部）
网　　址：http://www.jnupress.com
排　　版：广州尚文数码科技有限公司
印　　刷：佛山市浩文彩色印刷有限公司
开　　本：787mm×1092mm　1/16
印　　张：10
字　　数：180 千
版　　次：2022 年 4 月第 1 版
印　　次：2022 年 4 月第 1 次
定　　价：39.80 元

前　言

<<< Preface >>>

营造企业家健康成长环境，弘扬优秀企业家精神，更好地发挥企业家作用，对深化供给侧结构性改革、激发市场活力、实现经济社会持续健康发展具有重要意义。

经济发展史表明，优秀的企业家和企业家精神是改革创新、推动经济增长的重要元素。改革开放，建设中国特色社会主义需要企业家和企业家精神。中共中央、国务院也以专门文件的形式明确了企业家精神的地位和价值，提出了厚重的期待和要求。

个人的命运总是与时代的命运紧密相连。改革开放极大地释放和激发了企业家精神，在这波澜壮阔的时代大潮中，江门企业家与时俱进，开拓创新，为江门经济社会发展做出了重要贡献，并在实践中发扬了邑商精神，使其成为江门改革开放的一个鲜明符号和重要成果。

一、邑商是江门经济社会发展的重要主体

改革开放以来，一大批优秀的江门企业家在市场竞争中迅速成长，一大批具有核心竞争力的企业不断涌现，为积累社会财富、创造就业岗位，促进江门经济社会发展做出了重要贡献。作为改革开放政策的受益者和中国特色社会主义事业的建设者，他们见证了江门经济的快速发展，对政府层面给予企业发展的高度重视和支持倍感鼓舞，对构建"亲""清"新型政商关系、优化营商新环境、促进民营经济发展的政策和举措倍感振奋。

历史不会忘记，从 20 世纪 80 年代公司制创立到南方谈话，从 21 世纪的互联网浪潮到今天的新经济迸发，改革开放 40 余年催生了一批又一批具有不同时

代标记的企业家。他们带着智慧与活力、执着与韧性，为改革开放添砖加瓦，成为中国经济转型的关键角色，闪耀着激动人心的企业家精神。

任何一种精神、文化都有其根源。邑商精神产生于侨乡沃土，五邑侨乡积淀着爱国爱乡、艰苦奋斗、务实稳健、开拓进取的侨乡精神，邑商精神必然携带其基因，具备那种融贯中西、兼收并蓄的侨乡特色，形成勤勉、务实、诚信、敬业、创新、进取的精神特质。

在江门创业的邑商目前正面临着良好的发展机遇。江门是粤港澳大湾区内具备可大规模连片开发土地的城市之一，市域面积约占珠三角的四分之一，开发强度还不是很高，发展空间大，腹地纵深广阔，土地承载力优势明显，正在积极融入大湾区建设。江门还是珠三角通往粤西乃至大西南的重要通道和交通枢纽，可以积极承接产业有序转移，加快重大基础设施建设，推进统一市场形成，从而壮大经济规模，提高江门经济发展质量和效益，提升城市功能。江门的机遇，也是邑商的机遇，为邑商的发展提供了广阔的空间和平台。

二、港澳台及海外邑商：爱国爱乡，桑梓情深

江门是我国著名侨乡，祖籍江门的华侨华人和港澳台同胞达 400 多万，遍布全世界五大洲，素有"海内一个江门、海外一个江门"的美誉。百年来，无数华侨华人在外奋力打拼，回国支持家乡建设，他们用家国情怀和无私奉献，铸就了爱国爱乡、艰苦奋斗、务实稳健、开拓进取的侨乡精神。恋祖爱乡的乡土情结始终像风筝线一样牵扯着他们，在外打拼取得成就后回馈桑梓成了他们普遍的做法。

爱国爱乡是包括五邑华侨在内所有华侨的光荣传统，表现为一是政治上关心国家的命运，二是经济上大力支持家乡，尤其热心家乡的各项建设事业。纵观五邑华侨爱国行动的历程，共有三次爱国主义热潮：一是孙中山领导的辛亥革命时期，二是抗日战争时期，三是中国改革开放至今。

为了推翻清朝政权，孙中山组织了多次武装起义，所需经费全靠华侨支持，其中五邑华侨贡献甚大。如新会港胞李纪堂、开平华侨邓荫南为支持革命几乎倾尽所有。为了筹备 1911 年广州起义的经费，在开平侨领司徒美堂的提议下，加拿大致公堂将多伦多、温哥华和维多利亚三所党部大楼典押了出去。

大革命时期，邑商爱国热情更加高涨。在政治上、经济上都大力支持孙中山领导的革命政权，积极参加讨伐袁世凯和陈炯明的运动。由于支持革命有功，有

的华侨被邀回国参加政权建设，其中在中华民国临时政府等机构中担任要职的五邑华侨有黄三德、梅乔林、黄佰度、李是男、黄芸苏、朱卓文、马超俊、马湘、黄湘、黄光锐、邓荫南等。

抗日战争时期，从1931年"九一八"事变起，特别在1937年"七七"卢沟桥事变开始全面抗战以后，到1945年8月15日日本宣布无条件投降期间，海外华侨爱国主义活动不论发动的广度和深度，还是人力、物力、财力对祖国的支持，以及华侨本身的团结和牺牲精神方面，都是空前的。在印尼，以司徒赞（开平人）为首的救国团体；在美国，以五邑人司徒美堂、邝炳舜、阮本万等为首的救国团体，以捐款、捐物、认购国债的形式，在经济上大力支持祖国抗战。

海外邑商在建设祖国和家乡上的贡献也是非常突出的，其表现主要有三个方面：首先是侨汇，它是侨眷的主要生活来源，也是侨乡经济建设的资金支柱，亦是国家外汇收入的重要渠道。据统计，1864—1949年的85年间，全国侨汇总额达35.1亿美元，平均每年4 200万美元，五邑地区占20%左右。中华人民共和国成立之后，侨汇收入仍然源源不断，在改革开放以前，其作用非常突出。实行改革开放以后，国家贸易外汇增加了，侨眷生活得到改善，侨汇收入及其作用才有所下降。

其次是回国、回乡投资，支持国家和侨乡的建设。港澳台及海外邑商事业有成之后，积极支持国家和家乡的建设。有许多港澳台及海外邑商回乡建房、经商、办工厂、修公路，使五邑真正成了侨乡。此外，有的五邑华侨还在广州、海南、广西、上海等地进行投资，其中广州爱群大厦就是早期华侨投资中最大的一项，至今仍然完好（2018年11月，广州爱群大厦入选第三批中国20世纪建筑遗产项目名录）。中华人民共和国成立以后，许多华侨回国参加建设工作，同时也有一批华侨回来投资，但由于当时政策所限，主要是通过华侨投资公司来办理，其规模较小。改革开放以后，港澳同胞回乡投资最多，成了主角；华侨、华人的投资比此前也有很大的增加，并且还引荐不少外国财团前来投资，其作用也是空前的。

捐资兴办公益事业是港澳台及海外邑商的优良传统，其中以捐资办教育最为突出。1912—1945年，华侨在台山捐建的中小学校就有78所之多。中华人民共和国成立后，尤其是改革开放以后，捐资兴办公益事业掀起新高潮，仅1979—2005年，华侨、华人与港澳同胞们在五邑地区共兴办了大、中、小学校2 826间（次），面积660万平方米；托儿所、幼儿园478间（次），面积18万平方米。捐资赠物累计 42 148 宗，金额达 61.7 亿多港元，其中 24 亿多港元用于兴办大、中、小学校，修建托儿所、幼儿园、图书馆等，大大推动了江门教育事业的发展。以五邑大学接受捐赠为例，据不完全统计，截至 2013 年，侨胞和港澳乡亲捐资捐物共高达 2.5 亿港元，涵盖了建筑、奖助学金池、教学设备、科学研究等各个方面，其中，捐赠主要集中在五邑大学的建筑和教育奖学助学方面。①

三、邑商精神的含义

五邑工商业文化是江门地域文化的重要组成部分，弘扬邑商精神将有效激发侨乡创业创新精神，促进形成"重商""亲商"的良好环境。

江门五邑有着久远而灿烂的工商业文明，从明代开始，逐步由一个河岸小墟发展成重要的工商业城市。为总结江门工商业发展史的宝贵经验、丰富五邑工商业史理论研究、弘扬"邑商"文化精神，江门市社科规划领导小组办公室决定，组织专家学者，调动各方资源，通过五邑地区的现代企业管理案例，探讨邑商精神的"商道"精髓和文化动力，从而激励侨乡广大的企业家以更强使命感投入工作，为江门创新发展、经济发展提供文化原动力。同时，为侨乡大专院校提供企业家精神与现代企业管理的本土案例，使商科教育理论真正"落地化"。

邑商精神可以从以下几方面进行归纳整理：

（1）不同时代的邑商精神：指老一辈邑商百折不挠的拼搏进取精神，以及"新邑商"对邑商精神的传承与发扬。

（2）不同经济规模的邑商精神：大型企业的创业者或管理者固然是邑商精神的杰出代表，而千千万万的中小企业也是江门经济的组成部分。这些企业虽然规模不大，但是拼劲十足，或以产品质量见长，或以优良服务立足，是打造"创业之都"不可或缺的经济细胞，更是未来创业者们的学习榜样。

（3）不同经济领域的邑商精神：应涵盖所有产业组织，尤其是常被忽视的新型农业经营主体，如农民合作社带头人、种养大户等，可为当前乡村振兴树立新时代标杆。

（4）不同管理领域的邑商精神：如企业战略管理、质量管理、企业文化、电子商务、市场营销、人力资源管理等方面的专业精神。

（5）爱乡爱土的邑商精神：众多在外乡、海外或本地拼搏的，具有在江门

---

① 王继远，纪晓虹. 五邑华侨慈善教育捐赠现状、问题与对策——以五邑大学接受捐赠为例 [J]. 五邑大学学报（社会科学版），2015，17（2）：1–5，92.

五邑地区办学、慈善捐赠等事迹的新老邑商。

(6) 团结互助的邑商精神：五邑地区的企业家素有团结互助的传统，在帮助新生代企业家成长方面，更是不遗余力。如江门首创新生代企业家成长导师制，成功企业家与新生代企业家采用"师徒结对"的方式，让徒弟贴身跟着师傅学习，感受邑商精神。

(7) 关心关爱邑商群体：大力倡导和推行习近平总书记提出的"理解企业家，尊重企业家，爱护企业家，支持企业家"的理念。这里要说明的是，我们不仅要关注"成功者"，也要关注那些曾奋力拼搏并为江门做出杰出贡献的"失败者"。可以说，关心关爱"失败者"，也是鼓励和打造邑商精神的一部分。

总之，通过从多方面进行整理与提炼，邑商精神具体表现为五邑企业家的创业精神、拼搏精神、专业精神、市场精神、乡土精神、互助精神等内容。

四、全社会需要大力弘扬邑商精神

近年来，国家大力倡导企业家精神，企业家精神也成为社会各界关注的热点话题。江门企业家精神，可称之为邑商精神。江门企业家既包括江门本地土生土长的企业家，也包括从外地来江门创业的企业家。邑商精神正是这些优秀企业家在实践中创造和升华出来的。

企业家是企业的灵魂。党的十八大以来，习近平总书记在讲话中多次谈及企业家精神，指出"市场活力来自于人，特别是来自于企业家，来自于企业家精神"，要激发、保护企业家精神，发挥企业家才能，支持企业家专心创新创业，加快培养造就具有国际视野的企业家，并且希望广大企业家继续发扬敢为天下先、爱拼才会赢的闯劲，进一步解放思想，改革创新，敢于担当，勇于作为，为国家经济社会持续健康发展发挥更大作用。

在新时代弘扬邑商精神，可以更好地发挥邑商才能、体现邑商作用、增强邑商斗志，鼓足干劲，奋发争先，激发江门企业的发展活力，对深化供给侧结构性改革、激发市场活力、提升实体经济、实现江门侨乡经济社会持续健康发展具有重要意义。

通过加强邑商精神的宣传，开展邑商精神的研讨，树立邑商精神的榜样，做好邑商精神的培育，使邑商精神形成广泛的社会影响力，引领江门企业健康成长，以实际行动提升江门实体经济，在改革开放的伟大事业进程中，以新担当新作为，为把江门建设成为落实"四个走在全国前列"的示范城市而努力。

为全面提高江门企业家群体的精神活跃度，在全社会营造出奋发有为的实干精神，江门市社科联决定对邑商精神暨现代邑商企业管理进行整理，归纳一批在改革开放中成长起来的江门企业，以其亲身经历阐释独有的邑商文化，旨在引导五邑学子从邑商企业管理实践中领会现代管理理论与方法。

必须说明的是，本书在编写过程中，参考和阅读了许多相关文献，本书中的许多内容，或直接来源于这些文献，或受到这些作者思想的启发，笔者以在参考文献中列出的方式向他们表示衷心的感谢！

江门五邑地区拥有深厚的工商业历史底蕴，古往今来涌现出很多杰出企业家与成功企业。但由于时间、调研力量有限，所收集的资料难免挂一漏万，应该还有更多、更精彩的邑商企业及其管理方法与案例等未能收录进来，只能等今后修订时再进行补充了。

由于笔者学术水平有限，其中缺憾和不当之处在所难免，恳请读者、学术前辈及同仁不吝赐教，不胜感激！

感谢江门市社科规划办、五邑大学经济管理学院提供出版基金！

本书为 2020 年江门市哲学社会科学规划项目"邑商精神与邑商企业管理案例研究"（JM2020A04）标志性成果；2020 年广东省哲学社会科学规划一般项目"新业态下广东乡镇企业非典型雇佣关系优化研究"（GD20CGL43）阶段性成果。

向佐春

2021 年秋

目　录

<<< Contents >>>

第一章
邑商简介

2014 年 11 月 9 日，在 APEC 工商领导人峰会开幕式上，习近平总书记指出："我们全面深化改革，就要激发市场蕴藏的活力。市场活力来自于人，特别是来自于企业家，来自于企业家精神。"我们要营造尊重和激励企业家干事创业的社会氛围，引导企业家爱国敬业、创业创新、回报社会，更好地调动广大企业家的积极性、主动性、创造性。

自古以来，全国各地涌现出不少商帮，比较著名的有徽商、晋商、粤商等，其中的一些代表性人物，通过这些年影视剧的传播，为很多人所熟知。江门商帮（邑商）作为粤商的一个分支，值得我们广东学术界、企业界研究和总结。

第一节　早期邑商

早在唐代，江门五邑地区就已是商业兴盛之地。如唐代新会陶瓷手工业发展显赫一时，这里生产的陶瓷经海上丝绸之路大量销往海外。其中，尤以新会官冲窑的陶瓷最负盛名。

新会官冲窑，其原址被称为"陶瓷窑遗址"，位于新会古井镇官冲村。始烧于唐中期，盛于晚唐，至宋初停烧。这个位于新会古井镇的大型古窑址，在 1957 年被发现，自此新会陶瓷手工业曾显赫一时的辉煌历史才得以重见天日。

唐代中期，新会的先民在县南部的古井岛兴建大规模的窑场，大量生产日用青瓷，并将瓷器生产基地的布局扩大到潭江流域，充实了唐代产地的格局。在供应本地市场之余，官冲窑得益于海上丝绸之路繁盛的贸易，产品还大量销往海外，成为唐代广东重要的外销瓷生产基地之一。至北宋初期，官冲窑停止烧造。

该窑为研究当时新会陶瓷手工业发展提供了大量实证，是唐代新会手工业发展和海外贸易开发的宝贵史料，具有很高的文物价值。

新会官冲窑靠近海边，运输方便，在唐代还是外销陶瓷的重要生产基地。印尼、泰国、越南等一些东南亚国家以及中东、东非、欧洲出土陶瓷与官冲窑相印证，揭示了官冲窑为当时海上丝绸之路贸易提供主要货品资源的历史。1998 年，印尼海域的唐代阿拉伯货船"黑石号"沉船出水了三百余件青釉罐、青釉瓮、青瓷及提梁壶，20 世纪 90 年代越南广南省下龙乡发现多批青瓷，泰国南部亦出土一批青瓷，都被认为是官冲窑址的产品。从新会官冲窑外销的瓷器是生活器物，而且是民窑产品，直接进入东南亚、东非、欧洲一些国家百姓家庭。

明末清初，民间管理墟场的"江门公约"初现，现代邑商的雏形在五邑大地孕育。一代代邑商吃苦耐劳，敢为人先，团结奋斗，志达四方。

不同的年代，邑商精神的特质是不一样的，但又存在着一定的传承关系，都受到地域文化的影响，呈现出不同于其他商帮的精神特质。如果说，明清时期的邑商还是三桁瓦①式的手工作坊经营者，抑或是江门老街的一些商旅从业者，那么，从清末到中华人民共和国成立前这段时期，则是邑商崛起的时期。他们以侨乡之地源、人脉优势，阔步向洋闯世界，真正以高大的形象登上历史舞台。新宁铁路②的修建，造纸厂、发电厂等的兴建，无不闪耀着老一辈邑商艰苦奋斗、敢为人先、百折不挠、爱国爱乡的精神。

---

① 清代光绪元年（1875 年），开平县人余福在江门丰宁街口设店生产菜刀、剪刀、剃刀等刀具，因店铺狭窄，仅三桁瓦大小，故店号取名"三桁瓦"，产品亦以"三桁瓦"为标记。"三桁瓦"菜刀用夹钢法，经锻打、淬火、退火、成型、打磨等 40 道工序加工而成。因用料上乘、工艺精细、锋利耐用而远近驰名。1935 年，"三桁瓦"附近陆续开设"刘氏三桁瓦""正三亨瓦""三桁瓦老铺"等 8 家店铺，从业人员达五六十人之多。1964 年，"三桁瓦"刀厂改革生产工艺，自制设备，逐渐由手工生产变为半机械生产，提高了产量和质量。如今的江门市三桁瓦厨房设备工业公司，仍沿用"三桁瓦"工艺及标记进行生产。通过技术改造、设备更新，选用优质复合钢作为原料，采用半机械化生产，使产品质量不断提高。其多次获得全国菜刀质量评比第一。现生产有铁钢菜刀、不锈钢菜刀、夹柄菜刀、中西式餐果刀等 8 个系列 120 多个品种规格。

② 新宁铁路（Sunning Railway），又名宁阳铁路，曾是位于广东新宁和新会境内的一条铁路。建于清光绪年间，由广东新宁（今台山）旅美华侨陈宜禧主持建造，1909 年通车。此是继潮汕铁路之后的中国第二条商办铁路，也是全国最长的侨办民营铁路、中国第一条民办铁路，它从筹备、设计、修建、经营到管理都是由中国人独立完成的。筹建之时，陈宜禧向美国华侨集资，曾是华侨在中国最成功的投资事业。1938 年 10 月广州沦陷后，国民政府为防日军利用铁路推进，命令新会、台山两县政府彻底破坏新宁铁路。如今，新宁铁路仅剩下新宁铁路江门北街站候车室遗址。

民国时期，江门五邑侨乡的商业逐渐繁盛。据记载，1948 年台城"三万零四百"的人口中，就有"营业商店共一千三百三十间"。1937 年的《五堡月刊》刊登《新会各镇墟市调查》，称："新会以江门为最繁盛之商场，共有商号二千七百余间；其次为会城，共有商号一千八百余间。"除此两处之外，新会另有"市镇四十余处，统计大小商店共三千三百余间"；① 又如近代台山因为侨资的汇入，一批牙市得以兴建，或者被重新规划和扩建，它们既成为台山商业繁盛的表征，又切实促进台山商业的再发展。据五邑大学梅伟强教授估计，台山的牙市总数为 101～110 个，绝大多数建于 1949 年前。1928 年在开平召开的司徒氏族民大会提出："募集族人资本，建筑堤岸街市戏院，及改迁墟地，力图东埠商业日增繁盛。""振大市区，建筑商店住宅欢迎各商在东埠投资，并规定优待客商方法，谋拓展工商两业。"建设以商业为主的市政成为完善族务的主要方策之一。商业在当地社会经济中之重要性可见一斑。

第二节 现代邑商

中华人民共和国成立后，以国有企业为代表的邑商企业仍然继承着老一辈邑商艰苦奋斗、敢为人先的精神，使江门的工业企业蜚声省内外，江门的经济总量也位居全省前列。这一时期，一批祖籍江门的港澳企业家也秉承着务实、奋斗的邑商精神在各行各业发展起来，为他们日后爱国爱乡的一系列慈善活动打下雄厚的基础。

改革开放 40 多年，催生了一批又一批不同时代标记的"新邑商"。在这波澜壮阔的时代大潮中，江门企业家与时俱进，开拓创新，为江门经济社会发展做出了重要贡献，并在实践中发展了邑商精神，使其成为江门改革开放的一个鲜明符号和重要成果。

改革开放后，邑商迎来了最好的发展时期。一大批站位高远、勇于承担的邑商，引领江门民企贡献了国民生产总值的半壁江山。例如，李朝旺，维达集团董事会主席，作为中国生活用纸第一品牌、生活用纸市场第一占有率企业掌舵人，本身也是改革开放的一个传奇，其"专业、专注"的理念，成为江门民营企业

---

① 姚婷. 近代江门五邑侨乡的商人与商业广告 [J]. 五邑大学学报（社会科学版），2018，20（2）：1-6，93.

家爱国敬业、艰苦奋斗、追求卓越、担当奉献的表率；万国江，江门市工商联主席，他创办的企业从乡镇小厂发展成为上市公司，始终坚持以科技创新引领发展，如今已形成200多人的研发技术队伍，拥有专利150多件，充分展现了"科技卓越，永恒追求"的企业核心文化；黄达昌，江门市工商联副主席，他秉持创业创新的精神，从一名教书育人的教师转身成为成功的企业家，引领千色花公司独辟蹊径，成为国内家装漆知名品牌，实现追求健康的企业核心理念与五人足球的无缝对接……从这些邑商翘楚中，我们看到了勤勉、务实、诚信、敬业、创新、进取等特质，是改革开放以来邑商精神的集中体现，值得我们所有的企业家共勉与学习。

我们可以把"新邑商"定义如下：①生于斯，长于斯，在五邑地区经商创业的五邑本地人；②在国内或海外经商、祖籍为五邑地区的人士；③当今在五邑地区经商创业的外地籍人士。他们带着智慧与活力、执着与韧性，为江门经济建设添砖加瓦，成为振兴江门经济的关键人物，闪耀着熠熠生辉的企业家精神。

第三节　港澳台及海外邑商

邑商出洋闯荡历史悠久，早在唐僖宗年间（879 年）就已有新会人前往印尼经商①。但五邑人大规模出洋闯荡还是始于 19 世纪，19 世纪初由于清政府闭关锁国、统治者昏庸腐败，五邑工商业凋敝，百姓生活困难，小部分五邑先辈开始偷渡到海外谋生。鸦片战争爆发以后，中国对外门户打开，清政府进一步走向衰败。外强入侵，内乱连年，民不聊生，不甘贫穷落后的五邑先辈们开始大规模地去海外闯生活，他们中有闯出了富甲一方的巨商，但也有人从此一去未归。

一、漂泊海外，艰难创业

最大的移民潮发生于鸦片战争后，江门五邑很多人为了生计，被"卖猪仔"出洋做苦工。经过几十年的辛勤拼搏，至清末民初，华侨在海外站稳脚跟后，侨汇就源源不断地流入五邑侨乡。据有关资料，1864—1949 年的 85 年间，侨汇总

---

① 五邑人出洋史可追溯到唐代。1998 年印尼"黑石号"沉船出水了 5 万多件中国唐代瓷器，而其中的青釉罐来自新会官冲窑，说明那时候已经有新会人通过"海上丝绸之路"随阿拉伯商人前往苏门答腊经商。

额为 35.1 亿美元。以台山县为例，1930 年侨汇达 3 000 万美元，占全国侨汇（9 500 万美元）的 1/3 以上。1937 年达到 1.8 亿美元。据统计，江门全市户籍人口与祖籍江门五邑的海外华侨、华人及港澳台同胞数量相差无几，素有海内外"两个江门"之称。江门五邑华侨、华人遍布美国、加拿大和西欧、东南亚等 107 个国家和地区。

一般而言，近代江门五邑地区的民众主要迁往北美洲和大洋洲，受当地排华政策的限制以及移民职业族群性特点的影响，相对于以移居东南亚为主的粤东、闽南移民而言，该地区海外邑商中的富商大贾数量偏少，但亦不乏在侨居国当地华人社会富有影响力的大商人，加拿大的叶春田便是一例。叶春田出生于台山都斛，最初到美国加利福尼亚州做各种劳工。1881 年，他移居加拿大，在太平洋供应公司做过会计、出纳，直至华人劳工主管。1888 年，他成立了永生公司，经营多种业务，包括提供劳动合同、经营跨太平洋的进出口贸易、为华工汇款回家乡和承接往来书信等。叶春田还是加拿大太平洋铁路公司的华人代理，他为该公司的铁路提供了建设所需的劳动力，也为该公司的轮船提供了船员和新鲜的农产品。到 1908 年，他的公司已经成为温哥华的四大华人公司之一。

伴水而居的五邑人天生就具有海洋性格，蓝色的大海，以其浩瀚与深邃，诱惑着一代又一代的五邑人出海闯荡，也造就了邑商这一个特殊的群体。勇敢勤劳的五邑先辈随着海水的漂泊，涌向了全世界。早期的海外邑商，大都是以"三把刀"（剪刀、菜刀、剃头刀）起家的，尔后转向从事零售、中介和批发业。在有了一定的资本积累后，开始从事扩张性运营，累积起相当规模的商业资本，在当时发展工业化政策的推动下，一部分海外邑商把握住了发展契机，将商业资本转移到工业领域，适时地引进各类管理、技术等专业化人才，加强与当地资本的合作，促进产业资本与金融资本融合，继而造就了冯国经、吕志和、利国伟、伍舜德、李文达等一大批港澳台及海外商业巨子。

二、侨属企业已成为江门经济生力军之一

江门五邑毗邻港澳，水陆交通方便，海外华侨众多，是全国重点侨乡之一，同潮汕和闽南地区并称为全国三大侨乡。江门五邑旅居海外的华侨、华人和港澳台同胞 400 多万人，遍布全世界五大洲 100 多个国家和地区，其中大多数分布在北美洲和中美洲，侨胞在海外繁衍生息，为居住国的繁荣做出了自己的贡献。他们当中涌现出一大批优秀的政治家、外交家、企业家、科学家，如加拿大总督伍

冰枝、美国华盛顿州州长骆家辉等。

　　海外侨胞、港澳台同胞素有爱国爱乡的光荣传统，他们支持修建学校、医院、敬老院、托儿所、幼儿园、影剧院、图书馆、桥梁、公路、自来水工程、侨联大厦等公益事业，还设立助学、敬老等基金。他们造福乡里，对我们的改革开放和社会主义现代化建设起到了积极的推进作用。

　　随着我国改革开放的深入，特别是随着我国产业结构的进一步调整，各级政府出台了一系列优惠政策，优化投资环境，增强外商及港澳台商人来华投资的信心。江门五邑侨乡成了华侨和外商投资的一片热土。至今，来江门五邑侨乡投资的国家和地区达 25 个，除了中国香港、澳门、台湾之外，还有日本、韩国、美国、新加坡、法国等，涉及的行业达 20 多个，产品上千种，主要有纺织、化工、机械、电子、通信设备、塑料及制品、建材、皮革及制品、食品、木器、农业、建筑、交通运输、房地产、饮食、旅游等行业。侨商与外商联合来江门五邑投资增多，产生了连锁效应。一批大财团、大企业、大商社、跨国公司陆续到五邑投资，侨属企业已成为侨乡经济建设中一支不可忽视的生力军。

　　江门是一个对外交往较多的城市，它和包括美国河滨市在内等多个国家的城市建立了友好城市关系，每年接待一大批来自美国、加拿大、日本、韩国、印尼、澳大利亚、西班牙等世界各地的游客。江门五邑还是一个对外文化交流窗口，中国优秀的文化、传统从这里传播到世界各地，同时广大的海外华侨华人也将世界各地优秀的文化、先进的科技带回中国，架筑起中国和外国的友谊之桥、经贸之桥、科技之桥，为中国和居住国的发展做出了巨大的贡献。

第二章
邑商精神与邑商创业

关于创业和企业家精神，习近平同志曾在十九大报告中谈道："我们现在需要激发和保护企业家精神，鼓励更多社会主体投身创新创业。建设知识型、技能型、创新型劳动者大军，弘扬劳模精神和工匠精神。"这一番话使我们更加清楚地认识到激发和保护社会创业精神的必要性。我国的当务之急就是要完善相关政策制度，激发和保护全社会的创业精神，进一步激发经济活力，带动经济发展。

邑商是粤商的重要分支之一。从其成长经历看，邑商大多是白手起家，脚踏实地，循序渐进，创业之前多从事底层的工作。邑商的创业事迹和精神是五邑人民的巨大精神财富。何谓邑商创业精神？可以这样概括：持续探索、勇于拼搏冒险的精神，百折不挠、变中求胜的理念，脚踏实地、厚积薄发的良好心态。

第一节　邑商创办高科技企业

20 世纪 90 年代，中国经济正处在转型过程中，技术创新成为中坚力量，许多邑商从草根商人华丽转身，把科技创新视为企业发展的动力。尤其是新一代邑商，开始在逆境中依靠高科技力量实现创业梦想，他们涉足的领域也转向科技含量更高的新能源、新材料、信息技术、新医药、节能环保、电动汽车等新兴行业。江门市科恒实业股份有限公司的创始人万国江就是其中杰出的一员。

江门市科恒实业股份有限公司（简称"科恒实业"）总部位于江门市江海区，公司成立于 1994 年，是一家专业从事锂离子电池正极材料、智能装备和稀土功能材料研发、生产、制造的国家级高新技术企业，其产品广泛应用于新能源汽车、便携式通讯、电子产品、照明及催化剂等行业领域。目前拥有 20 多家全资子公司及参控股公司，有江门、清远、深圳、株洲、溧阳五大生产基地。

万国江现任江门市工商联主席、江门市科恒实业股份有限公司董事长。祖籍浙江，在江门出生成长，1983 年毕业于江门市第一中学。因为从小生活在江门，他对这块土地怀有深厚的感情。

一、"学霸"下海创办国家级高新技术企业

万国江的经历令人羡慕。他 1983 年考入上海复旦大学化学系，1987 年当选上海市杨浦区人大代表，获评上海市优秀大学生、新长征突击手，2003 年获得中山大学 MBA 学位。从"复旦学霸"到掌管多元化的"商业帝国"，万国江更愿意别人亲切地唤他一声"万老师"。

1994 年，全国掀起了知识分子下海经商的热潮，当时万国江因品学兼优留校任教，从事化学科研工作。其间，他自学考了托福、GRE，准备出国。就在此时，他了解到外商在广东投资的都是"三来一补"企业，布料等制作原料都依靠进口，国产原料的缺口很大，而自己和学生研制的纺织浆料，已经可替代进口产品，此时，他做出了一个重大决定——自主创业！他毅然放弃了繁华的大都市生活，带着他的两位学生来到珠三角的江门市，与滘头联星村合作创办企业——科恒联星助剂厂。在短短的两年内，企业自主研发的 KF 系列纺织助剂已成为国内领先的产品，打破了德国巴斯夫、美国杜邦和英国联合胶体的垄断局面。1999年，科恒实业被认定为国家级高新技术企业。

二、成为通用电气、飞利浦、欧斯郎的供应商

1997 年，国内节能灯行业刚刚起步，其中关键材料是稀土荧光粉。当时整体需求量还非常小，仅有 160 吨/年，而且有 50% 以上是依赖外资企业。中国虽然是稀土生产大国，但当时大部分稀土原料以低价出口，又高价进口荧光粉，这既造成资源流失，也造成资金外流。抱着改善国内稀土发光材料行业格局的目的，万国江毅然决定进军稀土荧光粉产业。

科恒实业通过与复旦大学的深度合作，将复旦大学的荧光粉技术进行应用开发，转化成产品。1998 年，科恒实业荧光粉产品正式投放市场。随后，科恒实业先后成功研制的双激活铝酸盐蓝粉、耐高温红粉、全光谱荧光粉等世界首创产品。2003 年，科恒实业三基色荧光粉成为当时国内销量及技术的双料冠军。如

今，科恒实业的灯用稀土发光材料系列产品已遍布全球，是世界一流制灯企业通用电气、飞利浦、欧斯朗的主要供应商，已成为在该领域名副其实的龙头企业。

三、成功上市，助推公司多元化发展

万国江的"野心"并不局限于做到行业第一，他的目标是要带着科恒实业实现上市，从而借助资本的力量，将公司做大做强。

2011年，稀土需求量猛增至8 000吨/年，价格随之大幅上涨，作为国内销售量最大的科恒实业年销售额突破10亿元大关。凭借这华丽的业绩，2012年7月26日，科恒实业终于在深圳市证券交易所创业板成功挂牌上市，成为唯一一家以稀土发光材料为主业的上市企业。

四、"二次"创业，进军新能源领域

2012年，因为受到新一代LED光源的冲击，稀土荧光粉市场开始出现萎缩，虽然科恒实业早有准备投入LED荧光粉的开发和生产，但是由于LED荧光粉的市场体量不大，科恒实业的营收开始下滑。

万国江注意到，新能源材料是未来发展的趋势，特别是锂离子电池材料，随着数码类产品的普及，国家倡导环保低碳，推广新能源，锂离子电池的需求逐年上升，有供不应求之趋势。因此，为了企业生存，为了实现企业做大做强的梦想，万国江决定从发光材料跨界至新能源材料领域，实现"二次"创业。

万国江对公司进行了调整，组织团队与客户沟通，充分理解客户的需求，并亲自参与研发，解决技术难题，引入精细化管理模式，开始研制应用于动力汽车的三元锂离子电池正极材料。2017年，规划投资30亿元、占地500亩、年产能5万吨、产值100亿元的英德市新能源产业基地首期工程落成投产。短短的五年间，科恒实业锂离子电池正极材料产值已达16亿元，迈入国内领先的锂离子电池正极材料供应商行列，位列行业前十。与此同时，科恒实业并购锂电池设备龙头企业深圳市浩能科技有限公司，通过资源整合形成国内首个"设备＋材料"锂电产业平台，进一步增强了科恒实业在行业的竞争力。

五、推动管理创新，打造学习型企业

万国江知道，要想跨越式地登上一个台阶，必须摆脱"山寨厂"的模式，采用正规化的管理。

在创业的早期，他就在同行中率先引进 ISO 管理体系、变革股份制形式、鼓励员工继续深造等一系列的管理模式，随着这一系列管理模式在科恒实业的运用，管理文化和品牌意识开始形成。

为提高公司竞争力，万国江坚持打造学习型企业。他除了大力引进高学历、高职称的技术人员外，还引进国外先进的极具激励性的薪酬制度，狠抓技术培训，提高职工整体素质。万国江还注重培养自己的专业技术队伍，建立了"科恒大中专"培训模式，同时还大搞技术创新、岗位练兵、技术比武、技术培训等活动，为企业技改提供了重要保证。

作为公司的掌舵人，万国江非常重视关心职工的生活，尊重每一个员工，创造温馨和谐的工作氛围。他想方设法提供良好的工作环境，逐步改善福利条件，解决各种实际问题。公司刊物《今日科恒》设有总经理信箱，公司网站设有留言板，在公司和员工之间筑起一道沟通心灵的桥梁。公司的员工之家内设立图书馆，并定期组织读书会，给员工提供提高知识、增广见闻的机会。这些先进的管理理念，使企业的凝聚力和员工的主人翁精神不断提升，为企业的团结发展奠定了坚实的基础。

第二节　有志者事竟成

天地壹号饮料股份有限公司，总部位于江门市蓬江区棠下镇，是一家集研发、生产、销售醋饮料及其他饮料的股份制企业，公司创始人陈生，拥有承德红源果业有限公司、山西老陈壹号生物科技有限公司、江西天地壹号饮料有限公司、河北天地壹号生物科技有限公司、巴马壹号食品饮料有限公司五家全资子公司及天地壹号饮料股份有限公司江门分厂。公司主要生产基地设在江门市，营销中心设在广州市，天地壹号品牌历经 20 多年的积累发展，拥有国内醋饮料行业最先进的现代化生产设备，已发展成为国内最大的醋饮料领军品牌。

天地壹号拥有全国产品和服务质量诚信示范企业、全国质量信用先进企业、全国百佳质量诚信标杆示范企业、中国饮料行业实践社会责任优秀企业等荣誉称号；同时天地壹号还是"中国驰名商标"和"2005 年广东省著名商标"，已成为国内饮品行业标志性品牌。

一、萌芽期（1997—2007 年）

1997 年 5 月，陈醋风味饮品佐餐的风潮席卷南粤大地，一时间，这种喝法在坊间广为人识，传为佳话。随后，毕业于北京大学经济系的陈生就接到了两个不同地方、不同身份的朋友来电，竟然都对醋饮料大加推崇！"天上掉下个林妹妹！"有着敏锐商业嗅觉的陈生眼前一亮，当即决定研发生产天地壹号。1997 年 7 月，第一瓶陈醋饮料上市试销，由此开创了健康醋饮料先河。

2002 年，江门天地壹号饮料有限公司成立，率先提出了"创新、激情、学习、奋斗"的经营理念，凭借高层领导的敏锐洞察力和强大的营销能力，夯实了天地壹号的"健康佐餐"醋饮料领导品牌基础。2006 年江门天地壹号现代化生产基地完成投建，并升级为省级企业，更名为"广东天地壹号饮料有限公司"，2007 年实现天地壹号苹果醋饮料正式上市，成为华南地区醋饮料行业的龙头企业。

二、初创期（2008—2011 年）

随着生产规模扩大、产品线细分、市场发展和品牌影响力的提升，天地壹号成功实现了从渠道向消费者导向的营销模式转型。2009 年，"吃饭喝啥？天地壹号"的广告家喻户晓。2010 年，天地壹号智能化新生产基地在江门台商工业园落成，并通过 ISO 22000 食品安全管理体系认证。2011 年，天地壹号提出"给健康加道菜，第五道菜天地壹号"的口号，正式将天地壹号打造成为居民餐桌上继鱼、肉、青菜、米饭后的"第五道标配菜"；同年，公司全资并购承德红源果业有限公司和山西老陈壹号生物科技有限公司（分别是果醋原料、陈醋原料供应商），公司实现了在原材料把控的显著优势，进一步深化了"制造优质产品，引领健康生活"的企业使命；公司荣获了中国饮料行业 2011Bev‑Model 成长品牌奖、研发创意奖、广告语奖，强化了天地壹号醋饮料地域品牌地位。

三、凝练期（2012—2015 年）

2012 年，公司完成股份公司改制，再次肯定"追求卓越质量，创造百年品牌，持续为顾客提供优质健康的产品"的企业愿景，领导层在全公司范围内组织开展了"二次创业"大讨论，研究分析了公司经营的内外部环境和竞争力，并继续强调"制造优质产品，引领健康生活"的企业使命。因应这一使命要求，公司进一步丰富和发展了公司的价值观体系，提出了"拼命工作、享受人生"

的人力资源观，"日清日高、贵在坚持"的指导思想，"学习使你速度更快、创新使你路径更短、天生你材、学习成才"的成长观。在这些理念的导向和激励之下，公司加速发展，获得了"广东省食品行业优秀龙头食品企业"称号；同时，公司积极开展"两化"融合管理体系建设，提升企业生产效率及经营管理水平，树立公司信息化发展新优势。

四、升华期（2015 年至今）

2015 年，公司挂牌新三板，投资者、员工、顾客、分供方、经销商等对公司提出了更高要求。2016 年公司战略小组开展了广泛的调研、分析和总结活动，领导层召开战略研讨会，确定了"天地壹号战略布局全国市场，全面开启北拓计划"，正式确立"天地壹号全国性饮料品牌"战略发展目标；于 2018 年获得"中国饮料行业标志性品牌"，初步达到了天地壹号全国性品牌战略效果；公司将持续深化为顾客提供优质健康产品的企业愿景，以实现全国性饮料品牌战略发展目标。

这四个阶段，既是天地壹号文化体系的形成、升华的过程，也是天地壹号公司适应环境变化、引领企业发展的文化之旅。

如今，天地壹号已成为百姓餐桌上继鱼、肉、青菜、米饭之后的"第五道菜"，改变了广东人不喝醋的习惯，并逐步推向全国市场，受到越来越多消费者的青睐。在 20 多年的发展历程中，天地壹号瓶装陈醋、瓶装苹果醋、罐装苹果醋、铂金版苹果醋饮料（低糖）相继上市。陈生凭借敏锐的洞察力和强大的营销能力，夯实了天地壹号的"健康佐餐"醋饮料领导品牌基础。

第三节　百折不挠，渐入佳境

江门量子高科生物股份有限公司（简称"量子生物"），位于江门市蓬江区，是香港量子高科集团属下的生物科技公司，成立于 2000 年 1 月，主要从事微生物、酶制剂、功能性食品等高科技产品的开发和生产，在江门拥有专业的规模化生产基地。主要产品有低聚果糖、短链菊粉、酵母精、多肽氨基酸等，以低聚果糖为主的各类产品年生产能力达 15 000 吨，是国内同行业中第一个通过 ISO 9001 质量管理体系认证的企业。

一、多次创业失败

公司创始人曾宪经先后经历三次创业失败：

第一次：中亚贸易有限公司，时间 1994 年 11 月至 1995 年 9 月，这一时期没有战略，只有战斗，公司上下仅 2 个人，只是为了解决生存问题，每天都是在为公司如何活着而奔波；第二次：邦威特种润滑油有限公司，时间 1995 年 12 月至 1998 年 8 月，这一时期也没有战略，在战斗层面有所加强，公司发展到 6 人，基本解决了生存问题，属摸索寻求发展的前期；第三次：江山食品生化有限公司，时间 1998 年 9 月至 2000 年 1 月，这一时期是战略萌芽期，公司发展到 60 多人，战术上贪大冒进，不脚踏实地，战术与战略层面断裂，最终导致资金断流，公司走向绝境。

二、艰难创业

曾宪经在遭遇人生滑铁卢，几乎弹尽粮绝之时，结识了王丛威先生。自此，二人于 2000 年 1 月合资成立了江门量子高科生物工程有限公司，开启了益生元行业的新征程。

公司成立 20 多年来的路途走得并不平坦。创业初期，在连续 7 年亏损的情况下，公司能坚持下来，是因为坚守让人健康长寿的创业初心，坚信"事在人为"。"事在人为"是公司两位创始人在经营过程中达成的共识，要求"量子人"要凭良心去做事，因为做事产生智慧，智慧会产生成果，有了好的成果，才会被社会、顾客认可，这样就会产生财富。有了财富，企业就可以持续发展，通过持续发展可以确保企业有序经营。"量子人"本着"关爱他人、以德为先"的标准全力以赴地去做每一件事情，这样才能做对事、做好事，确保企业永续经营。

三、渐入佳境

从江山公司到量子高科，从量子高科再到量子生物，20 多年经营，经历风雨，初心不改，公司以坚定的步伐，一步步稳步向前，变大变强，走向世界。曾宪经说，量子生物不仅要成为微生态健康领域的领军企业，还要加强企业文化建设，立志成为"用心将圣贤文化带给全世界，造福全人类"的幸福企业。

近年来，量子高科先后获得国家高新技术企业证书、食品饮料工业荣格技术创新奖、广东省及江门市科学技术奖等资格认定，连续多年被评为广东省"守合

同重信用"企业。2013 年，公司被《福布斯》杂志评为"亚洲中小上市企业
200 强"，成为该榜单列出的亚洲每个行业中 1.3% 最顶尖的公司之一。2015 年，
公司被国际质量组织 BID 授予"欧洲国际质量管理金奖"，成为国内益生元行业
唯一一家获此殊荣的企业。2016 年，公司被人民日报、新华网等机构联合认定
为"2016 年中国上市企业创新品牌价值 100 强"。

第四节　扎根基层，厚积薄发

甄瑞权，祖籍江门市开平市，现任省政协委员、澳门江门同乡会会长、江门
外商投资企业协会会长、五邑大学常务校董、东望洋（江门）食品有限公司董
事长（位于江门市蓬江区，是澳门东望洋集团的全资公司）。

一、工作之余学习创业技能

甄瑞权是侨乡自己的大学——五邑大学培养出来的首届毕业生，他毕业后前
往澳门一家中资机构工作，经过 12 年奋斗，从最基层的业务员成长为常务副总
经理。亚洲金融风暴后，他毅然选择出来创业，先后涉猎了房地产、酒店等多个
领域，并在 2005 年正式创办东望洋制饼厂，用 10 年时间将其从一家"前店后
厂"的小作坊，发展成为一家颇具规模的现代化食品企业。

在做好自己负责的进出口贸易工作的同时，甄瑞权看准了房地产行业的巨大
发展前景，于是尽可能地利用各种机会，开始了自己在房地产方面的自学之
旅——每次公司开会的时候只要谈到房地产业务，甄瑞权都会很细心去听、去
记。公司房地产业务忙的时候，甄瑞权还会主动去帮忙，如起草买卖合同，并在
这过程中认识了许多设计师、律师等业内人士。"那个时候我非常努力，别人在
休息的时候，我还在学习。"甄瑞权回忆道。

经过两三年的跟踪学习，甄瑞权迎来了第一次展示的机会。在公司一次讨论
需不需要购置一块地开发房地产项目的会议上，甄瑞权提交了自己的方案，并获
得了大家的认同。"当时公司的领导就很惊讶：甄瑞权竟然懂这些，就让我把房
地产业务也管起来。"甄瑞权就这样通过自己一次次的努力，从业务员成长为这
个公司的常务副总经理，获得了练好企业管理"内功"的平台，为自主创业打
下基础。

二、脚踏实地，自主创业

1997 年，亚洲金融风暴爆发，对澳门的经济也造成了巨大影响，甄瑞权所在公司的经营也遇到了很大的困难。

在坚守帮助公司渡过难关的同时，1999 年起，甄瑞权也开始了自己的创业。"那时候我跟香港的朋友合作开酒店，名称就是东望洋酒店。"甄瑞权说，根据早先在公司打工积累的经验，他创业最开始选择的是房地产和酒店领域。随后，澳门开放赌权，外资企业不断涌入，澳门企业在面对外来竞争的同时，亦潜伏着巨大的发展商机。当时的澳门政府锐意发展旅游服务业，出台多项扶持本地中小企业发展的政策。随着内地自由行的逐渐兴起，赴澳门旅游的游客也不断大幅增长。这些变化，让甄瑞权意识到可以用好政策和时势，拓展新业务。"我就注意到了香港的食品行业，虽然有亚洲金融风暴，但香港的快餐店和茶餐厅生意都很好，那么是否可以在澳门做面包呢？"经过系列调研，2005 年，甄瑞权第一家"东望洋饼店"开张，经营面包烘焙业务。饼店一开始便采取"错位经营"的发展策略，主打欧式面包和葡式饼食手信，同时兼具澳门特色，避免与澳门一些知名品牌正面竞争。

开张初期，东望洋饼店只是家"前店后厂"的小店，由于当时品牌知名度不足，经营相当困难。然而，甄瑞权深信：创业是要经过一段艰辛的里程才有成果的，因此不能急于求成，而要稳扎稳打，边探索边积累经验。"经过一年多的努力，我们开始了自己的分店计划。"甄瑞权说，随着连锁分店数量的不断增多，东望洋饼店也继续在解决供货及控制产品质量上下功夫，为此购买了一间 2 000 平方米的厂房，实现了集中化生产。

甄瑞权认为，"现在很多年轻人创业，希望做大生意，希望马上成为大老板，这种想法是好的，但现实不允许一步到位。成功很多时候是要讲条件的，首先要扎扎实实地练好内功"。

第三章

邑商精神与企业创新

习近平总书记十分重视企业的改革创新，在 2014 年 APEC 工商领导人峰会上提出"惟改革者进，惟创新者强，惟改革创新者胜"的重要论述，并要求我们要拿出"敢为天下先"的勇气，锐意改革，激励创新，积极探索适合自身发展需要的新道路、新模式，不断寻求新增长点和驱动力。

邑商企业创新精神体现在诸多方面，既有传统产品、传统行业、传统工艺创新，也有当代前沿科技创新；既有传统企业管理创新，也有新时代非公有制企业党建工作创新。

第一节 加强党建工作，助推非公有制企业发展

新时期，许多邑商企业党组织紧紧围绕党建核心问题，找准着力点，将党建目标融入企业生产经营的各个环节，自觉避免陷入"就党建抓党建"的传统模式，充分发挥党组织的战斗堡垒作用和共产党员的先锋模范作用，有力推动企业健康发展。

一、党建助推侨企健康发展

鹤山雅图仕印刷有限公司（简称"雅图仕"）位于广东省鹤山市古劳镇，创立于1991 年，是利奥纸品集团（香港）有限公司属下独资经营的大型现代化印刷企业，现拥有职员超过 1 万人，占地面积 1 000 多亩，累计投资超过 19 亿港币。

在非公党建领域，能将企业文化与党建结合，以此统一员工思想、凝聚人心，鼓励员工积极向上，将个人成长与企业命运紧密相连，鹤山雅图仕印刷有限公司是很好的典型。

（一）打造一条非公有制企业党建特色之路

雅图仕在2003年成立党总支部，2007年6月成立党委。多年来，雅图仕曾获"广东省非公有制经济组织党建工作示范点"、全国非公有制企业"双强百佳党组织""广东省先进基层党组织"等荣誉称号，并探索出"以组织功能创新优化企业治理"的独特经验。

雅图仕虽是一家港资企业，但员工入党积极性非常高。员工高度认同企业的党建工作，视共产党员同事为榜样，并向模范学习。

回顾党建的发展历程，雅图仕董事长冯广源坦言："我祖籍广东鹤山，出生在香港，早期在香港办实业，后来回乡创办雅图仕。公司有40多名共产党员，80%以上都是公司的骨干和管理人员，其中我身边的左右手团队就有好多共产党员，可以明显感受到共产党员的先进性。"

（二）在企业治理等方面体现党组织的优越性

经过多年的探索发展，雅图仕意识到企业党群组织必须在创新工作体制、工作机制和工作载体等方面找到有机融合的着力点，这样党组织的作用才会越来越明显。

例如，雅图仕党委在企业治理方面，紧紧把握政治引领这一核心作用，将反腐倡廉建设理念与企业内部治理相融合，借鉴中国共产党党内纪委工作机制和参照香港廉政公署的机制，建立"廉洁管治委员会"。还通过成立招投标中心，每年为公司节约采购费用1 000多万元，这不仅是企业内部治理的创新，也是党群工作领域的拓展。

此外，雅图仕还组建了"幸福和谐企业创建委员会"。通过启动职工宿舍关爱探访、搜集意见建议、解决实际问题等方式推动实现企业与员工的和谐共赢。面对汶川地震、新冠肺炎疫情等重大事件，政府与企业在沟通协调、物资保障上无缝对接，这体现了党组织不畏艰难集中力量解决问题的优越性。

（三）党建知识学习与专业知识提升有机结合，推动党建工作再上新台阶

要加强新时代非公经济统战工作，就要充分发挥非公有制企业党组织的政治引领作用，其中加强对企业党组织和共产党员的教育培训是关键环节。

2018年，在广东省政府、江门市委组织部、"两新"工委、工商联等有关部门的指导和支持下，广东第一家新型侨资民企党校——鹤山雅图仕党委党校正式成立，为推动广东省非公党建工作再上新台阶做出了新贡献。

作为江门市首个侨资民企党校，它承担着重要的职责和使命，为非公有制企业共产党员教育培训搭建了新平台。雅图仕党委党校把党建知识学习、专业知识提升有机结合，以党建指导实务，在实务中融合党建，解决了一些企业中党建与实务"两张皮"的问题，更加充分地发挥党校的聚合力量与共产党员的模范作用，有力促进雅图仕的高质量发展。

雅图仕党校的建设聚合了政府、企业、高校和华侨的力量，形成了具有江门侨乡特色的"政企校侨"党校模式，这一模式可以成为非公企业的样板，成为一条服务粤港澳大湾区乃至全国行之有效的路径。

二、发挥党组织在私企的模范带头作用

广东嘉士利食品集团有限公司（简称"嘉士利"），总部位于江门开平，是"广东十大老字号企业"之一，已有超过百年的悠久历史。其前身是开平三埠的怡广斋饼家，百年工匠精神令嘉士利饼干成为中国饼干行业一块熠熠生辉的品牌。如今，集团已在河南、江苏、安徽、福建、广西和广东省云浮等地建有生产基地，年销售值达12亿元，是广东省老字号协会副会长单位。其产品畅销全国，并远销欧美、东南亚等20多个国家和地区。

嘉士利集团党委成立于2016年3月，是江门第一家非公有制上市公司企业党委。党委的成立得到嘉士利管理层的大力支持，嘉士利老板更是把成立党委视作公司的一件大事，集团党委坚持"围绕发展抓党建、抓好党建促发展"的总体思路，不断加强党建阵地建设，党员队伍建设和企业思想文化建设，有效实现党建工作与企业发展互促共赢。

（一）管理层大力支持党建工作

很多私企都以抓经营为主，一般不重视党建工作或干脆放弃党建工作，但嘉士利的投资方却不这样认为。虽然嘉士利老板不是党员，但他却十分重视企业党建工作，并认为党建工作可以促进企业发展，实现互促共赢。他不但支持成立党委，还从资金上、物质上大力支持党建工作。如将一栋大楼交给党委使用，供办公、开会、活动之用，同时，拨出专款建成开平非公有制企业第一家党群活动室并投入使用，面向党员、员工开放。室内有书刊借阅、乒乓球、台球和上网等文

化服务，以及供开会、学习使用的投影仪、音响等设备，丰富党员、员工文化生活，提高了党员、员工的业余生活质量。在 2017 年度的表彰大会上，他提议增设金牌党员评选，共有 10 名金牌党员受到表彰。

（二）发挥党员先锋模范作用，推动企业提质增资进步

在日常工作中，嘉士利集团党委积极融入和谐企业建设，不断增强党建工作的凝聚力，引导党员职工形成思想自觉和行动自觉，充分发挥先锋模范作用。强化民主管理，打造和谐企业，配合公司组织开展员工技能培训、知识讲座、外出参观学习等活动，提高员工业务素质。

嘉士利从董事局到基层一线，活跃着 100 多名共产党员的身影，在关键时刻，护卫百年名企这艘大船稳步向前。这些党员在企业各自岗位上发挥共产党员的先锋模范作用，做到干一行爱一行，无论担任何种角色均出色完成职责任务，表现出一个共产党员应有的责任和担当。可以说，在集团每次表彰活动上，党员总是唱主角。

近年来，集团党委大力开展党员先锋岗、优秀员工争创活动，结合集团的发展开展多种形式的创建活动。如"精益管理创效益""会、做、爱岗"等活动，激励广大员工勤于学习、努力钻研、不断进取，在本职岗位上取得良好的成绩。

（三）配合公司的企业文化建设及公益活动，树立公司内外形象

集团党委大力配合公司的企业文化建设活动，如"双先"表彰大会、"三八"妇女座谈会；举办各项关爱活动，如"六一"亲子游园活动、"七一"党员座谈会等，以及参与对伤、病、困难员工的探望及慰问等公益工作。2017 年 7 月，在上级党工委、市总工会的大力支持下，并得到集团主席的资金支持，集团党委共投入超过 10 万元，建立了开平非公有制企业第一家党群活动室。一系列活动令嘉士利集团党委与公司员工心心相印。

在助力企业发展的同时，集团党委积极配合公司开展公益、捐赠、扶危济困、救灾等活动。集团关爱基金会也是在集团党委领导下由工会发起成立，得到集团投资方的大力支持，并许诺：员工捐多少，投资方就捐多少。目前集团的关爱基金已惠及多名困难员工，起到很好的作用。集团在不断发展壮大的同时，不忘初心，回馈社会，每年都由党委牵头组织开展"广东扶贫济困日"慈善捐款、健走马拉松、爱心助学夏令营、希望工程捐赠、慰问孤寡老人等活动。2016—2020 年，集团累计捐款物达 2 000 多万元，充分展现了企业及党组织高度的社会责任感和担当精神。

集团党委紧紧围绕集团公司的中心、重心工作，充分发挥党委的战斗堡垒作用和党员的先锋模范作用，做到了增信心、强核心，使企业党建和企业发展两促进、两不误，走出了一条企业党建的新路子，为公司的持续、快速、健康发展提供了组织保障，也为江门非公有制企业的党建工作开拓一条新路和起到一个很好的示范作用。

第二节　传统行业与传统产品创新

江门五邑地区具有悠久的工商业发展史，产生了诸多具有一定优势的传统行业与传统产品，如何在当今时代使其焕发新的生机，海内外邑商为此锐意创新，取得了不俗的业绩。

一、深耕传统行业，不断推陈出新

香港嘉华集团，1955 年由吕志和创立于香港，核心业务涵盖房地产开发与投资、大型娱乐度假设施、酒店及建筑材料，投资遍及中国内地、香港、澳门及东南亚、美国各国家和地区的主要城市。嘉华集团旗下包括两家香港上市公司——嘉华国际集团有限公司和银河娱乐集团有限公司（简称"银河娱乐"），其他主要成员公司包括仕德福国际酒店集团有限公司、嘉华建材有限公司等。嘉华集团有逾 200 家附属公司，全球员工超过 33 000 人。

吕志和，祖籍广东新会大泽镇吕村。现任香港嘉华国际集团有限公司主席、嘉华地产（集团）有限公司主席、香港酒店业主联会主席、东尖沙咀地产发展商联会主席等职。他还是侨港新会商会永远名誉会长、第九届全国政协委员、第九届江门市政协委员、江门五邑海外交流协会和江门世界五邑乡亲联谊会名誉会长、江门市教育促进会名誉会长、五邑大学教育基金会有限公司董事会副主席、上海复旦大学校董。

（一）传统行业中稳健经营

吕志和经商以保守及稳健为宗旨。60 多年来，他脚踏实地不懈奋斗，将集团多元化发展成为一个集建材、房地产、酒店、博彩于一体的跨国企业，并有"石矿大王""酒店大亨"及"澳门新赌王"等美誉。在 2019 年福布斯全球亿万富豪榜中，吕志和位列第 82 位；在 2020 年福布斯香港富豪榜中，吕志和以 154

亿美元排名第五。

吕志和一贯的看法是发展事业，做得好比做得大更重要，做得稳比做得快更重要，站得住比站得高重要，而且他总是先易后难，循序渐进，量力而行地前进。别人跑得快、做得大，他不羡慕不嫉妒，始终都是实实牢牢按照自己的定见，坚定地去执行，是个不争先也不恐后、坚持自己跟自己持续赛跑的典型。

从创业到今天，吕志和做的都是充满竞争的行业，也是所谓的传统行业。有人问，他在竞争中获胜的秘诀是什么？他的回答是："不和人家争。"

（二）平凡中见神奇

不和别人争的吕志和跟自己竞争。他强调通过开创有自我创新与创见的事业，去为他人和社会创造出更好的、独一无二的价值，进而也分享创造的价值。他的创新与创见，不是发明新技术或新产品，而是对已有的技术、产品、管理等不断改良，是把大家习以为常的事做出新意并且做到更好，然后去满足人们和社会不断进步的需要，并且把行业的蛋糕越做越大。

过去几十年，吕志和正是依靠这种改良创新，不断在充满竞争的传统行业获得化凡为奇的业绩。在食品业，他用人人可得的食材做出新口味、新样式的产品；在石矿业，他以机械化、自动化改良传统手工作业模式，推动香港传统石矿建材业向现代化迈进；在酒店业，他从细节入手洞悉顾客需求，打造贴心优质的服务，甚至连擦桌布都在他的改良范围之内；在澳门，他打破传统博彩业的框架，将焦点集中在多元化旅游休闲娱乐模式之上，并以亚洲特色独树一帜，傲视世界。

这些创新让吕志和获得事业的持续成功，也把所进入的地区、行业的发展推动到新境界。"从已有的事物里，改良创造出更新更有价值的东西，进而改善所处的环境与世界。"这是吕志和极力推崇的创新方向。

如何才能拥有创新创见的本领？吕志和的经验是：永无止境地学习、反思，反复地检讨与改良，以及止于至善地执行。他说："直到今天，我还在以自己是一个新人的心态和姿态度过每一天。"

二、传统产品的继承与创新

特一药业集团股份有限公司（简称"特一药业"），总部位于广东省台山市台城街道，是一家集医药研发、制药工业、医药商业为一体的医药上市公司。其下属企业分布于广东、海南、安徽等地区，包括台山药品生产基地（原广东台城制药)、海口药品生产基地（海南海力制药有限公司）、原料药生产基地（台山市新宁制药有限公司）及化工产品生产基地（台山市化工厂有限公司），经营产品包括中成药、化学制剂药、化学原料药和化工产品。

特一药业的主要产品止咳宝片属于药品行业的止咳化痰类用药。我国止咳化痰类药物市场以中成药为主，其中，中成药所占比重最高，且比重不断增加，显示出止咳类中成药良好发展的态势。

（一）止咳宝片的开发

特一药业生产的止咳宝片原方，源于著名侨乡广东省江门市宁城县水步镇（现广东省台山市水步镇）名医刘得之先生，此方由他于20世纪初所创，距今已百年。

1989年，刘得之先生的传人刘树仁先生将止咳宝片秘方捐献给广东省台山市台城制药厂后，台城制药厂在原方的基础上，经过改进于1990年生产出止咳宝片，是国内首创药品，获得国家新药证书，并于1994年9月19日被列为国家二级中药保护品种（2008年10月13日到期）。2002年，台城制药有限公司（特一药业前身）成立，继续加大技术改进的力度，加强对止咳宝片的后续实验研究，采用现代工艺技术，将止咳宝片研制成薄膜衣片，进一步改进了产品有效成分的稳定性，使其疗效更加显著。2005年7月经国家药监局批准，止咳宝片被列为OTC（非处方药）甲类品种；2009年11月，止咳宝片被广东省科学技术厅认定为广东省高新技术产品；2012年3月，台城制药有限公司生产的止咳宝片被广东省科学技术厅认定为广东省重点新产品。

（二）研发止咳宝片取得的成效

（1）品牌优势。止咳宝片源于20世纪初，距今已近百年，在岭南地区具有较高的认可度，并具有一定的忠实拥护群体。

（2）疗效优势。止咳宝片经广东省中医院和广州中医药大学附属医院临床疗效总结有三大特点：一是对各类型的慢性咳嗽有显著效果，对止咳、化痰、平喘疗效十分明显；二是毒副作用很低，疗程短、见效快、服药方便；三是对虚寒型和痰湿型咳喘治疗效果最好。

（3）工艺优势。止咳宝片运用较为先进的提取工艺生产而成，并且在主要成分含量测定方面运用定量测定，保证了药品质量的稳定性和可控性。

（4）申请专利保护优势。公司向国家知识产权局申请了发明专利"止咳中药组合物及其制备方法""一种同时检测止咳宝片中四种有效成分含量的方法"

"一种止咳片剂的制备方法""一种止咳片剂制备用蒸发设备及止咳片剂生产工艺"，均已取得授权。

（5）市场竞争地位。特一药业止咳宝片产品为公司独创新药，全国独家销售，公司产品在零售市场上处于优势地位。

第三节　邑商企业的传统工艺创新

江门五邑地区拥有诸多传统名牌产品，尤其是食品、机械等更是传统优势行业。仅酱类产品就有新会李锦记、开平味事达、鹤山东古等海内外闻名遐迩的名牌。本节以鹤山市东古调味食品有限公司为案例，说明邑商企业在不改变传统产品固有特色的情况下，致力于传统工艺创新的生产管理。

鹤山市东古调味食品有限公司（简称"东古公司"），位于广东省鹤山市古劳镇的麦水工业区，前身为始创于清道光三十年（1850 年）的调珍酱园，迄今已有 170 多年历史。2001 年其更名为鹤山市东古调味食品有限公司，现已成为华南地区颇具规模和影响力的调味品生产基地。东古公司品牌和产品获得了近 200 项荣誉，其中一品鲜酱油、蚝油、腐乳、野山椒等产品多次被认定为"广东省名牌产品""高新技术产品"，商标被认定为"中国驰名商标""广东省著名商标"。2006 年公司获得国家商务部首批"中华老字号"企业称号，2009 年"酱料（东古）"被认定为广东省食品文化遗产，2012 年东古牌系列酱料制作技艺被广东省人民政府确定为省级非物质文化遗产。

一、鼓励技术创新、品牌创新的"双创"管理模式

东古公司实施的"坚持传统的小池酿造结合技术创新、品牌创新的双创管理模式"，既传承了传统的加工工艺，又通过创新提升生产效率、保证产品质量，该"双创"管理模式在调味品行业中具有显著的意义。

传统的小池发酵酿造方法传承至今，是东古风味独特、口感鲜美的主要原因。公司坚持核心工艺不变的同时，不断采用新技术、新工艺、新物料等对现有的设施、物料、工艺水平及生产服务等进行改造提升，不断实现科技进步、提高生产效率、推动自主创新。例如，东古公司与宁波长荣公司共同研发国内第一台直径 20 米的圆盘制曲设备，该设备亦为亚洲最大的圆盘制曲设备，提高了菌种

和曲料的培育数量。圆盘制曲工艺，全程智能控制、全封闭无人接触，为菌种培育、曲料培养创造了最优越的环境，同时大幅度提高了机械化率，节约了人工成本，连续化的大规模生产也有效地提高了生产效率；整改制曲过程，包括大豆浸泡、蒸煮、入盘、布料、翻曲、出曲以及出曲后圆盘的自动清洗、烘干等工序，均通过智能控制系统进行精准的调控，严格保证圆盘制曲质量的稳定性；封闭式圆盘采取低温制曲，减少了微生物交叉污染，降低了杂菌污染的机会，为曲料创造出更优越的培养环境；同时，工作人员通过系统进行监测、控制、追踪和记录，使制曲过程更加便利和安全。

二、保留传统风味前提下，鼓励工艺创新的生产管理模式

在产品的制作管理方面，东古公司一直秉承匠人匠心精神，在坚持传统的前提下不断去做新的尝试，而唯一不变的则是传承百年的中国味道。公司酱油发酵采用小池晒制，日照阳光充足，晒制发酵酱油效果更显著，所生产的酱油原油色泽红亮、酱香及脂香浓郁。公司系列产品采用先进的生产技术及先进设备生产而成，各生产工序严格把关，历年来经国家质量监督抽查及地方质检、卫检部门监督抽查，各项指标均符合国家质量标准，核心产品一品鲜酱油各项指标更优于国家标准。

东古公司实属百年产品的传承者和发扬光大者，其生产的酱料是广东酱料传统生产技术高水平的代表，是岭南文化向美洲以及东南亚传播的载体，是中国饮食文化的代表。

第四节　邑商企业的前沿科技创新

新能源汽车的高速发展带动了锂电池需求的快速增长，随着新能源车企启动量产周期，锂电设备企业也加快了新增产能布局。江门市科恒实业股份有限公司（简称"科恒实业"）是锂电池产业上游的重要参与者，着重于锂电正极材料、锂电设备、稀土功能材料等领域的研发工作。科恒实业通过产学研合作等技术创新模式，积极探索正极材料的高镍化高端化路线，拓宽成长赛道，打造高端产能。

一、科恒实业拥有技术优势和竞争实力

科恒实业是国内新材料领域知名的国家级高新技术企业，成立于1994年，2012年在深圳创业板上市。科恒实业始终专注于产品技术创新，与复旦大学、中山大学开展产学研合作，多项科研成果通过产品鉴定并获国家、省、市、区等各级奖励，部分产品列入国家火炬计划项目、星火计划项目。经过多年努力，科恒实业被认定为广东省省级企业技术中心。

科恒实业主要产品包括锂离子电池正极材料、锂离子电池智能装备、稀土发光材料。锂电正极材料包括钴酸锂和三元材料。这些产品在国内外市场上拥有一定的技术优势和竞争实力，为公司带来持续稳定的经济效益。

（一）技术研发优势

首先是技术研发优势。科恒实业一直将研发作为保持企业核心竞争力的关键，专注于锂电正极材料、锂电设备、稀土功能材料等领域的研发工作。科恒实业获认定挂牌广东省企业技术中心、广东省工程技术研究中心、广东省博士后创新实践基地，近年来通过以自主研发为基础，不断引进高端技术人才及技术，积极与高校、国内外企业合作研发等综合性措施提升公司产品的质量和性能，并战略性地关注和研发公司产品相关领域的前沿技术，推动公司可持续发展并提升综合竞争力。截至2020年底，公司获得授权专利共179件，其中发明专利74件，实用新型专利105件。

（二）"双轮驱动"的业务协同优势

第二是"双轮驱动"的业务协同优势。随着近年来内外延结合发展战略的实施，科恒实业已形成以锂电正极材料和设备为核心的"双轮驱动"式发展，并联动下游的锂电池制造类企业，在发展战略、技术研发、市场推广等方面形成协同效应，有利于公司资源整合及发挥集团作战的优势。

（三）品牌优势

第三是品牌优势。科恒实业开展稀土发光材料、锂电正极材料、锂电设备业务多年，在各相关领域已形成稳定的客户群，特别是科恒实业子公司浩能科技在高端锂电设备领域具有较强的竞争力，"科恒""浩能"已在各自领域成为知名品牌。未来，随着公司产品美誉度不断提高，品牌优势将进一步促进公司业务的发展。

二、拥有先进的技术研发模式

公司不断强化研发体系建设，针对不同领域设立多个研发项目组。项目研发流程包括立项、小试、送样、中试、大试、结项等在内的多个环节。研发模式主要分为三类：一类是开发当前市场及客户急需的产品，通过独立自主开发或与上下游企业合作开展研发工作，力争快速将成熟产品推向市场，满足客户需求；第二类是提高公司有关领域内产品性能、指标、质量、性价比等的研发工作，主要为提升公司现有产品的竞争力；第三类是负责跟踪和研究有关领域前沿技术，以及相关材料、产品的前瞻性、储备性研发工作，保证公司技术及产品引领或紧跟行业潮头。在具体研发工作开展上，科恒实业积极与相关领域具有较强实力的高校合作研发。

三、产学研合作破解技术难题

科恒实业与复旦大学、广东工业大学、惠州学院等在高镍三元合成项目中形成产学研合作创新模式。在动力电池市场，高品质动力电池和正极材料的需求与日俱增，三元动力型锂电池高镍化趋势明显，新能源汽车对高续航里程、轻量化的追求，催生了对正极三元材料尤其是高镍三元材料的巨大需求。高镍三元 8 系、动力高镍三元正极材料等新型产品也正是科恒实业研发工作的重点。目前，公司的英德基地高端高镍三元材料等产品的年均产能为 6 000 吨。

由复旦大学引入过渡金属氧化物的方案，破解了本地企业及国内市场中高镍产品在数码产品领域中的应用问题，目前已开始量产；广东工业大学提供了单晶化方案，高镍单晶产品目前在大试阶段；惠州学院提供了理论技术，使研发体系在测试和原理应用上均获得了提升。通过产学研合作，科恒实业在新工艺试验和新理论指导方面均取得了较大的收获。

科恒实业认为，企业通过引进高校先进技术等方式，实现传统产业的智能化发展；科研院所也要与企业加强合作，了解社会经济领域的实际需求，更好地解决现实问题。产学研合作要立足近期、着眼长远，更好地遵循市场规律，优化创新资源配置，推动创新要素聚集，激发创新潜能，为创新引领高质量发展打下坚实基础。

第五节　不断探索绿色环保之路

嘉宝莉化工集团（简称"嘉宝莉"）位于江门市蓬江区，始建于 1999 年，是一家集涂料研发、生产、销售于一体的现代化高新技术企业集团，有嘉宝莉化工集团股份有限公司、广东嘉宝莉科技材料有限公司、四川嘉宝莉涂料有限公司、上海嘉宝莉涂料有限公司、广东自然涂化工有限公司等旗下企业。嘉宝莉于行业率先荣获"中国驰名商标""中国名牌产品""高新技术企业"等国家级荣誉，并连续 8 年入选中国 500 最具价值品牌。集团现年销售收入超过 20 亿元，年纳税额超过 1 亿元，是中国本土最大的涂料生产企业。

1999 年建厂伊始，嘉宝莉就确定了向绿色环保方向发展的大目标，并提出了"中国涂料因嘉宝莉而骄傲"的企业使命和愿景。经过不懈努力，自 2011 年至今，嘉宝莉已连年上榜全球涂料 50 强，从一个小厂一跃成为世界级化工集团。

一、嘉宝莉的无铅儿童漆——中国本土涂料的杰出代表

2016 年 4 月 26 日，在北京召开的"推动中国减少含铅涂料使用"项目启动会上，来自世界卫生组织、中国环境保护部、中国工业和信息化部、中国涂料工业协会等单位的 20 多位领导和专家，共同探讨了"推动中国减少含铅涂料使用"的项目情况，以及为削减和消除含铅涂料工作做出了部署。联合国环境规划署驻华代表张世钢指出，联合国于 2015 年通过了 2030 年可持续发展目标，要求对化学品和废物进行科学管理，其中包括铅及含铅材料的管理。含铅涂料问题于 2009 年首次在第二届国际化学品管理大会上提出。2015 第四届大会提出了至 2020 年淘汰含铅涂料的目标。这对众多中国涂料企业来说，既是机遇，也是挑战。

为支持各国提高对含铅涂料危害的应对能力，联合国环境规划署推出了"推动中国减少含铅涂料使用"的小额赠款项目，拟捐赠一批无铅涂料给贫困山区小学，通过粉刷校园的方式推广无铅涂料的环保性。嘉宝莉漆作为中国本土涂料的唯一代表，参与该项目的执行。

二、开发无铅儿童漆的重要意义

随着经济的发展和人民生活水平的提高，以及人们对健康的关注，环保健康

成为装修的主旋律，特别是有孩子和准备要孩子的家庭，对环保材料更加注重。

儿童作为每个家庭的中心，其健康问题最为家长所关心，如何才能在装修中避免污染，已成为装修过程中家长们最关心的问题。专用于儿童房装修的儿童漆包括应用于墙面的乳胶漆和应用于家具、玩具上的木器漆，与普通漆相比，儿童漆环保标准更高，质量也更有保证。

儿童皮肤娇嫩，体内各器官处于高速成长期。因为身体发育，儿童行为能力提升，探索心强烈，身边所有物品几乎都成为儿童手抓口咬的对象。涂料中所使用的颜料基本上是无机颜料，其中含有铅、铬等重金属。用作装饰涂料后，墙壁或物件表面脱落的漆皮或开裂的皱皮，大多具有咸味，儿童往往容易误食。

含铅涂料是造成儿童铅中毒的主要触发点。世界卫生组织称，儿童可能通过玩具、墙壁、门框和家具等接触到含铅涂料，另外，表面剥落的含铅涂料也会生成铅污染粉尘，被儿童吸入。

另外，儿童每天睡眠时间基本在 12 小时以上，身体在睡眠时抵抗力最弱，而身体的增高发育几乎全部在睡眠中完成，呼吸量按体重比，比成年人高 50%。如果居住环境受污染，儿童身体在睡眠中受到的危害最严重。"环保"必须是儿童居室及活动场所的第一要求，专为儿童房使用的儿童漆因此应运而生。

三、嘉宝莉儿童漆的亮点

2014 年，嘉宝莉首次提出无铅涂料概念，推出了"海妮宝贝 2 代无铅抗菌儿童墙面漆"，具有无铅、抗菌、防涂鸦三大卓越性能。甫一上市，便受到众多家长的喜爱。此后逐步占据了儿童漆这一细分市场半数以上的市场份额。[①]

嘉宝莉"海妮宝贝无铅抗菌儿童漆"采用微胶囊缓释银离子抗菌技术，并添加了环保无铅配方，不含 APEO（烷基酚聚氧乙烯醚类化合物）、VOC（挥发性有机化合物）等有害物质，可充分保障儿童的安全健康。该产品易清洁、耐擦洗，可令墙面持久亮丽，让儿童快乐又自在；还添加绿茶因子，具备更佳杀菌能力，让气味加倍清新。在嘉宝莉的带动下，多乐士、华润、立邦、美涂士、三棵树、芬琳等品牌和众多中小企业也相继推出了自己的儿童漆产品，儿童漆市场渐行渐热。儿童漆也受到越来越多消费者尤其是家长们的青睐，走入了更多关爱孩子健康的寻常百姓家庭。

---

① 黄洋俊. 嘉宝莉儿童漆 让宝贝远离"铅"烦恼 [J]. 标准生活，2016（05）：36 – 39.

四、嘉宝莉儿童漆严格的生产控制标准

在儿童漆国家标准出台之前，嘉宝莉一直采用的是企业标准，虽是企业标准，但相关指标却是绝对严格。嘉宝莉儿童内墙漆标准中 VOC < 5 g/L，不仅远低于 12 g/L 的国家强制标准，甚至比德国、法国、比利时等欧洲标准中 VOC 的限值 10 g/L 还低一半。其游离甲醛的含量为 5 mg/kg，远低于 100 mg/kg 的国家限值标准，最重要的是铅、铬、镉、汞等重金属含量均 ≤ 0.1 mg/kg，一般的检测仪器均检测不出，故称之为"无铅涂料"。

根据美国环境保护署规定，每平方厘米铅含量达到 10 mg 的油漆，即被视为含铅油漆。美国：ASTM 国际标准组织规定玩具的油漆以及类似的表面涂层材料中铅及铅的化合物总含量不得超过 0.06%（600 ppm），可溶解铅不得超过 90 ppm（按干油漆的质量计）。欧盟：玩具中法定铅含量不得超过重量的 0.009%，电子电器产品中铅含量不超过 0.1%。中国：水性墙面腻子铅含量不超过 90 ppm，铅笔涂漆层铅含量不超过 90 ppm。

而嘉宝莉"海泥宝贝无铅抗菌儿童漆"的铅等重金属含量均未检出，优于欧美标准。

五、嘉宝莉公司的技术创新管理

（一）搭建技术创新平台

嘉宝莉的创新平台就是嘉宝莉的技术中心，该中心是涂料行业为数不多的国家级企业技术中心之一，还先后建立了博士后科研基地、院士工作站等创新平台。

嘉宝莉技术中心受公司董事会直接管理，由技术创新决策管理机构、技术创新运行管理机构以及具体的执行机构三部分组成。

其中，技术创新决策管理机构包括技术中心主任、技术委员会以及专家委员会，负责技术中心战略规划和重大项目决策。技术创新运行管理机构由科技情报信息、标准化研究室、科研档案管理部、知识产权管理部、产学研管理部、技术中心人力资源部、科研资金管理部、科研项目管理部八个部门组成。技术创新执行机构包括自主研发平台、联合研发平台以及支撑平台，具体执行决策层面的战略意图，承担技术创新项目，实现新产品、新技术、新工艺的突破和创新成果转化，形成产业经济规模效益。自主研发平台包括高性能聚合物乳液开发部、水性

木器涂料研究与应用部、建筑涂料开发部、树脂固化剂开发部、水性功能涂料开发部；联合研发平台包括华南理工大学嘉宝莉涂料技术中心、华南理工大学嘉宝莉博士后流动站、华南理工大学研究生校外培养基地、干粉建筑涂料开发部、无毒聚氨酯固化剂开发部；支撑平台包括实施中心、检测中心、技术培训中心、工程应用中心。

（二）建立技术创新激励机制

为鼓励科研人员在项目开发研究中做出贡献，有效提升研发人员的积极性，技术中心建立了升降机制、物质机制、荣誉奖励三种激励机制。

技术中心把研究人员的职位分为九个等级，员工的等级评定通过工作时间和工作能力共同评定，技术中心每半年对员工等级评定一次。

技术中心设立了科技创新项目奖励方案，对专利、科技立项、成果技术鉴定、科技进步奖等方面研究工作给予奖励，鼓励员工创新。嘉宝莉还设立了公司特别贡献奖，每年从部门选出 1~2 名对公司有重大贡献的员工，并为这些员工提供一定比例的住房或购车补助。

技术中心还设有优秀团队奖励，每个季度对员工按部门进行评定，对获得优秀团队的部门员工给予一定物质奖励。

（三）一流研发装备作后盾

建厂伊始，嘉宝莉就设立了技术研发中心。目前，该中心已经拥有了许多世界级先进设备，包括美国、德国、中国、日本、瑞士等国家生产的气相色谱质谱联用仪、分子蒸馏装置、高效液相色谱、多功能数据采集系统、傅里叶变换红外光谱仪、液相色谱质谱联用仪、元素分析仪等 40 多台先进仪器设备，设备货值超过 1 380 万元。

为完善生产工艺，保证产品质量，快速实现研发成果的产业化，嘉宝莉自主研发了高性能乳液、无毒固化剂和干粉涂料等的中试装置，具有先进的 DCS 自动控制系统。高性能乳液中试设备包括 100 L 反应釜、200 L 乳化釜、500 L 乳化釜各 1 套。无毒固化剂中试设备包括 1 500 L 合成反应釜 2 套，分子蒸馏设备 1 套，高真空机组 1 套。干粉涂料中试装置包括 1 500 L 乳液合成釜 1 套、喷雾干燥装置 1 套。

2010 年，嘉宝莉技术中心、检测中心通过了国家认可实验室认证，在产品的某些范围性能检测方面取得了权威认证，保障了产成品的质量。

（四）研发系统建设信息化

嘉宝莉技术中心的科技情报信息部收集了市场信息、资源信息、技术信息、政策信息等，借助现代化的网络、自动化等手段，在资源的规模、协同、溢出等组织的发挥上起着重要作用。

科技情报信息部负责国内外涂料情报信息综合研究，为企业发展的战略决策、涂料科技发展提供参考信息，为重大科研项目选题服务。与国家专利信息检索中心合作建立企业专利信息文献库，保证情报人员和研发人员能够及时准确地检索到国内外专利文献，缩短研发周期，提高技术创新活动的效率。

（五）积极推进产学研合作

早在 2001 年，嘉宝莉就与华南理工大学开展了项目合作，并在华南理工大学挂牌建立了涂料研究中心。2002 年，双方合作设立了华南理工大学嘉宝莉涂料技术中心，开展水性涂料的研发。2005 年，双方又合作设立了博士后流动站、研究生校外培训基地、广东省工程技术研究开发中心。

如果说与名校合作是嘉宝莉技术研发成熟的开端，那么通过原有科技水平的积累，大幅度增加科研经费投入，积极实施自主创新，则是嘉宝莉的再次飞跃。2004 年 9 月，嘉宝莉组建江门市工程技术研究开发中心，开始致力于高性能环境友好型涂料的研究和开发；2005 年 5 月，经广东省科技厅、省经贸委、省发改委批准，嘉宝莉又顺利组建了广东省水性涂料及聚合物乳液工程技术研发中心，致力于涂料的自主开发；2007 年，"广东省教育部水性及高固体份涂料产学研结合示范基地"落户嘉宝莉。

多年潜心研发，使嘉宝莉产品质量长期保持涂料行业先进水平，先后获得多项国家级、省级"重点新产品"认定。

回望 20 多年的发展历程，嘉宝莉的特点不在于其知名度极高或者销售量较大，而在于其依托科技创新，正逐渐成为中国本土涂料的标杆。在未来的发展过程中，嘉宝莉将继续发挥好创新平台的带动作用，进一步致力于环保产品的持续开发和推广，为消费者带来更健康、更美好的生活。

第六节 传统产业的文化价值创新

得益于"中国第一侨乡"和传统海上丝绸之路重要地点的特殊历史地理环境，江门当代红木家具产业持续发展，这也是改革开放后全国最早开展红木家具收购、修复、仿制并出口的产地之一。

一、江门红木家具产业现状

江门当代红木家具产业发展历经 40 多年，是中国当代红木家具产业发展的缩影和考察产业发展的重要样本。在传统苏作、京作和广作家具的核心区域，如苏州和无锡、北京、广州等地，如今已经不具备产业规模的情况下，江门本土红木产业仍具有较大的规模。江门新会于 2009 年被评为第一批"古典家具之都"，台山大江于 2014 年被评为"古典家具专业镇"。在江门工商局登记注册的红木家具相关企业超过 4 000 家，且大都集中在大泽、大江等乡镇，具有明显的产业集群效应和完整的产业链。可以说，江门不仅具有悠久的木作传统，同时也是当代红木家具产业主要聚集地之一。

二、江门红木家具产业的文化价值创新

当前，工厂和企业的规模化生产已经成为红木家具制作的主要形式，加之现代化机械加工设备的引入，所以，运用半机械化和半标准化形式，生产中低端产品是当今江门五邑地区红木家具的主流。另外，由于高端原材料的日益稀缺，高端红木家具产量受到制约。例如，目前售价颇高的野生海南黄花梨几近绝迹，市场流通量极少，导致以高端红木为原料创作的珍品家具也越来越少，附着在红木家具上的中国传统文化元素呈衰减之势。

出生于江门台山的伍炳亮，是伍氏兴隆明式家具创始人，也是极负盛名的中国工美艺术大师、收藏家、鉴赏家、明清家具设计与制器大家。他认为，红木家具的生产与营销，不应仅局限于传统意义上的红木家具制造和企业管理，还应以红木家具为载体，扩展到文化推广、交流和收藏等领域。

2018 年，在台山市政府的支持下，伍氏家族于台山市大江镇建成伍炳亮黄花梨艺术博物馆，这是当时国内最大的私人家具博物馆。其后，又在博物馆的基

础上成立了伍炳亮明清式家具（广东）研究院有限公司。博物馆和研究院的成立，标志着伍氏一族的红木产业正在由生产驱动型向文化驱动型转变。博物馆和研究院主要开展传统家具相关的文化活动和研究，包括高端艺术品家具的收藏、鉴赏和拍卖，召开研讨会和交流展示活动等。总体而言，这已经脱离了传统的红木家具制作范畴，也不是一般制造企业的管理经营，而是向文化收藏领域拓展，企业由制造型向文化收藏型转变。

江门红木家具业向文化收藏型的拓展，为红木产业的传统文化传承提供了一种可持续的方式。首先，以博物馆、艺术馆及研究院方式等形式存在的红木家具馆，能够保存红木家具的精品，为世人提供可欣赏和研究的实物样本。其次，通过展览、研讨会等多样性的活动，博物馆成为传播、普及和研究优秀传统家具文化的重要场所。最后，在运营过程中，它带动了红木家具行业社会地位的提升，突破了传统手工行业和制造业的圈层，向文化创意产业、服务业和学术研究转变。在珍稀木材日益稀少及大力提倡环保理念的现状下，文化收藏型传承以一种可持续的方式提升了红木家具在当代的文化价值和社会价值，能够让社会环境与传承者获得双赢，也为全国类似的企业提供了参考。

第七节　邑商企业的创新机制建设

创新机制，就是企业不断追求创新的内在机能和运转方式。企业建立起了这种有效的创新机制，就能不断地将知识、信息、技术、物质转化为用户满意的产品；就能不断地促进知识的生产、积累、创造、应用和扩散；就能不断地加强信息的传播、交流、加工和扩充；就能不断地提高技术的先进性、创造性、新颖性和实用性；就能不断地刺激关键资源的成长，最终实现资产的增值，并获得强大的竞争优势。简言之，企业建立起了这种有效的创新机制，就会促进企业的蓬勃发展、长盛不衰。

所以，企业要持续不断地创新，必须要有一套持之以恒的创新机制提供各方面的保证。下面以广东博盈特焊技术股份有限公司为例，说明邑商企业创新机制的建立与运行。

一、制订创新计划和目标

广东博盈特焊技术股份有限公司（简称"博盈公司"），位于江门鹤山市共和镇，成立于 2007 年。经过十余年的发展，博盈公司已成为全球知名的防腐防磨堆焊制造商。截至 2020 年底，公司拥有各类大型堆焊自动化设备，堆焊年产能超过 80 000 平方米。目前，博盈公司已成为国内规模化、标准化锅炉管子及管排堆焊核心制造基地，所采用的数字脉冲 MIG 堆焊技术在中国、日本、加拿大、欧盟等多个国家和地区取得专利权。

博盈公司建立改进与创新目标（竞争力对标为核心）、改进与创新模式、改进与创新方法三位一体的改进创新管理机制。

首先，根据战略目标确定改进与创新计划。博盈公司在每年的绩效指标制定中，将年度目标分解为全面预算指标。全面预算指标是公司为实现战略目标而实施的全方位改进与创新的基础目标，也是各部门和层级改进与创新项目计划的基础来源。其次，根据竞争力水平确定改进与创新目标。建立以竞争力为核心的改进与创新目标体系。最后，根据绩效考评结果确定阶段性改进与创新目标。根据年度预算的阶段性评价结果，博盈公司提出对相关部门的改进与创新要求，各相关部门和工厂据此确定计划。

二、创新的实施与测量

（一）创新的对标

从 2011 年开始，博盈公司对质量改进管理机制进行了优化与整合，通过引入 ISO 9001 质量管理体系，并在全公司上下共同推进下，对企业的发展起到了实质性的推动作用。不断扩大的市场需求，迫使公司不停地进行内部管理体系升级，至 2018 年，公司先后引进 ISO 14001 环境管理体系、OHSAS 18001 职业健康安全管理体系，重磅引入 ISO 3834 国际焊接质量管理体系，拥有了比肩全球的管理系统。

（二）创新的层次与分类

公司分三类实施质量改进与创新，一类为技术难度较大、需要内外科研力量协同解决的问题；第二类为有一定技术难度，主要需公司技术部、开发部来解决的问题；第三类是由部门和班组解决的管理和操作问题。

根据改进与创新工作所包含的技术和管理因素的比重分为三个层次：第一层次为技术因素占主导，实施主体为内外科研专家，实施方法为专项课题；第二层次为管理因素占主导，有一定技术含量，涉及全流程和关键工艺，以技术人员为主，实施改进创新；第三层次为管理和操作因素占主导，主要由相关部门和通过质量检查纠错改进并创新管理办法。

（三）改进与创新方法的应用

1. 质管部的质量巡查活动

公司自成立以来就组建了质管部，对公司生产活动的质量进行把关，并形成了不定期质量巡查活动，已成为班组和员工实施改进活动的重要方式。2018年公司按照质量管理体系的标准，重新修订下发了《质量管理小组（QC）管理办法》，明确了管理职责和基本程序，加大了管理力度和奖励力度。

2. 积极借用外部力量，进行外部评审

2018年公司全面引入管理体系后，掀起了全民学习的热潮，从公司领导到部门负责人、班组长都进行了集中学习，深入了解各项体系的管理精髓，从中重点挖掘公司各项需求，比对体系要求，一项项整改落实，对产品生产成本控制、产品质量稳定性都有明显的改善作用。公司定期的周/月例会都会围绕质量体系的各项绩效指标做汇报。

3. 合理化建议

博盈公司建立合理化建议征集制度，设立总经理信箱并设置相应奖励制度，广泛调动基层员工的积极性实施各层次改进。同时，不断完善员工提案制度，从提案征集、答复处理和效果反馈形成了闭环控制系统，目前提案答复率达到了100%，对公司管理流程的优化和管理精细化程度的提高起到良好作用。

4. 应用统计技术与科学的分析方法

博盈公司在改进与创新活动中广泛应用统计工具和数据分析方法。在每年的培训计划中，都有对管理人员和工程技术人员进行质量改进工具和统计方法的培训计划。从2018年开始，随着质量巡查活动的深入，各类专用统计工具和专用统计软件的应用覆盖面进一步拓展。

博盈公司的创新机制，为公司的技术创新、管理创新等提供了有效保障。博盈公司持续进行技术创新，不断提升制造工艺，公司的技术和产品可以应用于节能环保、电力、能源、化工、冶金、造纸等许多工业领域，可以有效促进下游产业实现节能降耗和转型升级。2015年，博盈公司被授予"广东省高新技术企业"称号。2017年，广东省堆焊材料及应用工程技术研究中心也落户博盈公司。

第四章

邑商精神与邑商商业伦理

商业伦理是一门关于商业与伦理学的交叉学科，是商业与社会关系的基础。随着我国经济的蓬勃发展，在市场经济领域中的商业伦理已成为社会讨论的焦点。商业伦理研究的是商业活动中人与人的伦理关系及其规律，研究使商业和商业主体既充满生机又有利于人类全面和谐发展的合理的商业伦理秩序，进而研究商业主体应该遵守的商业行为原则和规范、应当树立的优良商业精神等商业道德问题。

研究商业伦理的目的在于，在商业领域中建立经济与正义、人道相一致的一种理想秩序：不仅能促进经济良性循环和持续增长，而且能使商业起到激励和促进每个人满足需要、发展能力、完善自我的作用，并能将商业整合到社会整体协调发展的大系统中去。

作为道德文化的重要组成部分，企业对价值、利益、善与恶等元素判断的伦理观念，也就自然而然地渗透到了企业文化的建设工作中去。从中国传统哲学中汲取思想运用到现代管理，是大多中国企业家采用的做法。他们自儒释道的学说中，提炼适用于自身企业特征的论点，并借以发挥。作为中国思想文化的基本元素，儒释道的哲学追求总体上是积极和向善的，它们在历朝历代的社会稳定、经济发展和民生方面起到了重要的作用。

邑商精神的商业伦理体现在多个方面，本章就邑商企业的乡土情怀、互助精神、社会责任感以及儒家伦理在公司治理中的应用四个方面进行阐述。

第一节 邑商企业的乡土情怀

外出打拼的家乡游子历来注重乡土情怀，这是与其他国家和民族不同的地方。乡土情怀往往能够抓住企业家们的心，令他们产生归属感和社会荣誉感。实践证明，宝贵的邑商乡土资源可以有效地推动社会发展。

鹤山雅图仕印刷有限公司董事长冯广源，原籍广东开平，在香港出生，任广东省江门市政协委员、香港印刷业商会监事长。

1991 年，出于对家乡的热爱，冯广源回到鹤山古劳投资建厂，创办了鹤山雅图仕印刷有限公司（简称"雅图仕"）。"创业初期，我的父亲经常说，回到自己的家乡、自己的家创业，才是最有意义的，体现中国人的家乡情怀，所以当时我决定回到家乡创立雅图仕。"冯广源说。经过多年的发展，雅图仕现拥有员工 1 万多人，占地面积 1 100 多亩，累计投资超过 19 亿港币。冯广源恪守诚信经营、以人为本的父训，以诚待人、以信取人，创造了品质一流的企业，成为港资印刷企业的"领头羊"。

一、工厂建设与运行：尽显乡土情怀

（一）工厂建设：不占用耕地

刚刚回到鹤山建厂时，冯广源的父亲告诉了他一个原则，不能占用农民的土地。所以雅图仕利用古劳围，填土建房。古劳围位于西江边，当时河堤修建不善，经常出现水浸情况，冯广源回到鹤山后的第一项工作，就是修建古劳围堤。通过冯氏家族自筹，以及香港鹤山同乡会、江门市政府、鹤山市政府等各方的大力支持，古劳围河堤建成。

（二）工厂运行：不污染环境

1991 年，一座现代化印刷企业在西江之滨拔地而起，一期工程投产后，雅图仕招募员工 700 多人。

按常理，生产污水并不多，完全可以通过鹤山古劳的回收系统解决，这样一来沿理成本也不高。当时古劳镇 2 万多名群众的生活污水也都是直排西江，相比之下雅图仕 700 多人的生活污水占比并不高。但一腔乡土情怀的冯广源，心中容不得半点环境瑕疵。为了留住家乡的绿水青山，在 1991 年雅图仕的总投资才 1 000 万元的情况下，冯广源拿出 200 万元，投资建设了江门市第一家污水处理厂。

二、关心教育，收获人才回报

1980 年，出生于香港的冯广源随父亲冯学洪第一次回到了家乡——鹤山古劳，这里的绿水青山给他留下了深刻的印象。他清楚记得，当年父子回家乡探亲时，在父亲小时候念过书的龙溪小学，课室中间开了一个"天窗"。冯广源以为那是一个省电透光的"天窗"，但校长告诉他，那是不久前被大风刮掉了瓦片、没钱"执漏"（方言词，意即为屋顶补漏）造成的。一下雨，学生就要挪到别处上课。

冯学洪、冯广源父子将龙溪小学的情况拍成相片，在当年的香港鹤山同乡会春茗会上展示出来，在场的人无不动容，纷纷慷慨解囊，为龙溪小学筹得 60 万元。从这件事中，冯广源深深体会到游子与家乡那份斩不断的情愫，也从父辈身上继承了那份爱心。"在我的成长过程中，父亲的为人对我影响至深，他的艰苦创业，他的务实、平易近人以及对家乡那份浓浓的感情，时刻打动着我。"冯广源如是说。

当年，冯学洪父子首倡重修龙溪小学并无他求。不料，10 多年后雅图仕走上轨道时，冯广源却发现，公司的管理层竟然有许多人曾在重修后的龙溪小学上过学。冯广源感慨地说："你不忘记家乡，家乡也不会忘记你；你报答家乡，家乡也会报答你。"

三、回馈社会，成立"红十字会"

2007 年 11 月，雅图仕成立了红十字会，成为江门地区第一家建立红十字会的港商投资企业。

在冯广源眼中，慈善不是一次偶然的"壮举"，也不是针对某个单位、某件工程的捐赠，而是一项坚持不懈、不断做大的事业。在他的力倡下，雅图仕自成立以来一直热心慈善事业。多年来，公司在捐资助学、修路搭桥、扶贫济困、慈善捐款等方面做出了巨大的贡献。据不完全统计，公司用于慈善公益事业方面的直接捐资已经超过 4 500 万元。自 2005 年开始，雅图仕开始举办慈善万人行活动，鼓励并影响每一位员工参与慈善活动。

每年春节临近，雅图仕都会拿出约 20 万元，购买大米、花生油等物品，带上红包，深入贫困农户家中嘘寒问暖。截至 2019 年，新春送温暖活动已持续超过 10 年。雅图仕因此先后被授予"广东省希望工程爱心奖""中华慈善突出贡献单位（企业）奖"，而冯广源被授予"2010 南方华人慈善盛典"之慈善人物奖，并于 2014 年 10 月荣登"中国好人榜"。

冯广源认为，在做强企业和做慈善过程中，必须坚持四点：一是取之有道，二是舍之有义，三是得之有信，四是弃之有仁。他说，理想中的企业要突出一个"仁"字。具体表现在内外两个方面：内部之"仁"主要是指对企业员工的人本关怀，外部之"仁"则包括与社会、同行、客户的和谐相处，主动承担起自己作为公民的社会责任。如果一个企业能够做到以上四点，利润必然会紧随而至，且足够支撑企业可持续发展，令其成为具有百年基业的企业。

第二节 邑商企业的互助精神

360 公司董事长周鸿祎认为："对于抱有创业之志的年轻人来说，如果没有社会经验、没有商业经验，那就应该学习创业之道，保证创业的成功率，而不是边看边学，过一把创业瘾。……脸书公司之所以成长很快，就是因为扎克伯格的背后有这样一批有经验的导师。……上一代企业家已经功成名就，但有责任把经验传授给下一代创业者，让年轻人少走弯路，提高成功率，这对于企业家自身、创业者以及国家的未来都是大有裨益的。……但很遗憾的是，我发现愿意出山为年轻人做指导的企业家并不多。"①

一、全省首创"师徒结对"式新生代企业家成长导师制

改革开放 40 余年后的今天，江门民营企业发展和企业家精神传承已走到了新的关键节点，年轻一代民营企业家教育培养工作的重要性日渐突出。2015 年 9 月，江门市新生代企业家商会成立。时隔仅数月，具有"江门特色"的新生代企业家成长导师制便应运而生。

江门在全省首创"师徒结对"式新生代企业家成长导师制。"江门特色"的导师制不仅通过实地调研、会议访谈、问题讨论等方式，让导师为学生企业发展把脉建言，还利用导师的资源优势，帮助学生企业解决融资、管理、培训等方面的实际困难，更在加强思想引导、提升素质和培育社会责任感等方面发挥了巨大

① 周鸿祎. 成功企业家应出山为创业者做导师 [N]. 光明日报，2015 - 11 - 21（006）.

能量。导师制搭起了"大手牵小手"的平台。相比于其他地方的课堂式、讲座式导师制，新生代企业家成长导师制采用"师徒结对"方式，制定实施"导师聘任制度"，让徒弟贴身跟着师傅学习，领会与感受邑商精神。

导师制的实施，不仅促进了新生代企业家经营水平的提高，更加强了新生代非公有制经济人士的理想信念教育，让年青一代坚定发展信心，推动邑商精神传承。

2016年3月，时任全国工商联副主席杨启儒带队到江门市调研新生代企业家培育工作，充分肯定了江门市工商联（总商会）对年轻一代企业家的培育工作，认为"师徒结对"式导师制模式创新，可以在全国推广。广东省工商联也曾多次对江门市导师制表示支持，并作为先进经验在全省进行推介。

二、师徒结对，互相促进

大手牵小手，师徒结对向前走。导师制的实施还只是开始，如今有越来越多的新生代企业家表达了加入导师制的迫切愿望。维达集团董事长李朝旺希望导师制能走得更远："现在'朋友圈'已经建起来了，但我们还要继续加强联系，分享好的经验、观点，丰富内涵，还可以建立固定的座谈交流地点，从而进行思维碰撞。"李朝旺认为，导师制还可以成为实现经济产业跨界融合的重要平台，"现在许多行业都产能过剩，依托这个平台，我们要思考跨界融合、抱团发展，在老一辈企业家和新生代企业家中，闯出一条融合发展的新路子"。

其实，从另一方面来讲，"师徒结对"制也并不是完全的单向输出。原广东江粉磁材股份有限公司董事长兼总经理汪南东坦言："学员们都很有特点，而且有激情、有拼搏精神，在他们身上，我看到了新生代企业家的未来，我从他们身上也学习到了很多。导师制是一个很好的平台，让我们一同成长。"

第三节　邑商企业的社会责任感

企业社会责任，是指企业在创造利润、对股东和员工承担法律责任的同时，还要承担对消费者、社区和环境的责任，企业的社会责任要求企业必须超越把利润作为唯一目标的传统理念，强调在生产过程中对人的价值的关注，强调对环境、消费者、社会的贡献。

企业落实社会责任，实现企业经济责任、社会责任和环境责任的动态平衡，有利于提升企业的竞争力，为企业树立良好的声誉和形象，从而提升公司的品牌形象，增强投资者信心，更加容易地吸引到企业所需要的优秀人才，并且留住人才等。

一、香港嘉华集团的绿色矿场

一直以来，石矿场在人们心目中是一种破坏性的开采活动。这是由于许多矿场的开采活动属于破坏性开采，与过去人们只注重经济效益缺乏环保意识有关，这种无异于竭泽而渔、杀鸡取卵的做法，早已应该被制止。在这方面，香港嘉华集团（简称"嘉华集团"或"嘉华"）始终走在前列。嘉华建材在开石矿的同时，强调环保，并且在这方面形成了一套有效的做法。比如在香港的"安达臣道石矿场重整及美化计划"中，完成每一个采石阶段后，石矿场会进行美化重整。如今，香港的安达臣道石矿场已经成为环保的典范。

嘉华集团的这种绿化概念，也在旗下的内地企业中加以推广。吕志和之子，嘉华集团副主席吕耀东始终认为，经商应该遵循一定的规则，不论在哪里，这一点不能变。目前，嘉华集团在内地也都实施了环保复原工程。

固然，矿场的绿化环保需要付出一定的资金成本。吕耀东表示："这种环保和绿化说起来轻松，但投入很大。像安达臣道石矿场，在 17 年的合同期内，单绿化环保这一项就将耗去 10 亿元巨资。作为商家，肯定首先想的是赚钱，但是否就能置其他于不顾了呢？我认为，在商场上，一个成功的企业家不仅意味着赚很多的钱，还应该有一种奉献精神，履行一定的社会义务，这也是一种职业道德使命。企业家应该有良知和道义，对生活和生命负责，只有这样，赚钱的同时才能赚得信任和尊重。"

二、"吕志和奖—世界文明奖"

吕志和强调，一个真正的企业家，不光要正派经营并追求卓越的经营绩效，也要分享成果，为社会进步贡献力量。过去数十年，他和嘉华一直积极支持社会公共事务与慈善事业，这也是嘉华持续发展的重要原因。

2015 年，吕志和出资 20 亿港币设立了"吕志和奖—世界文明奖"。这是一个类似"诺贝尔奖"的奖项，它打破了国界、民族、信仰等界限，面向全球社会，奖励在"促使世界资源可持续发展""促进世人福祉""倡导积极正面人生观及提升正能量以振奋人心"三个方面做出重要贡献的个人或团体。其核心使命是：寻找道德文明与可持续发展的世界性新榜样，宣扬和谐共融的价值观，倡导积极正面的人生观及振奋人心的正能量。

"吕志和奖—世界文明奖"设立三大奖项类别，每个类别奖项的获奖者可获得2 000万港元（约1 615万人民币）奖金、证书一张及奖杯一座。每个奖项都只会授予单一获奖者，但获奖者可为个人或团体。这一奖金的数额也大大超过诺贝尔奖，几乎是诺贝尔奖的两倍之多，刷新世界性奖项的奖金记录。历届获奖者包括"杂交水稻之父"袁隆平、"敦煌女儿"樊锦诗、世界气象组织、国际残疾人奥林匹克委员会等。

"我们创造了前所未有的物质文明和科技进步，但生态破坏、阶级分化、社会矛盾激化、政治纷争，甚至战争残杀，种种不和谐与危机正为未来埋下巨大隐忧。人的内心愈来愈不安宁，似乎成了现代人的通病。"吕志和认为，这很大程度上都是人性的贪婪和道德文明的缺失所致，是价值观层面出了问题。

因而，在以物质捐助支援公益慈善事业的同时，他将更多精力投入提升道德文明、关注可持续发展之上，这才有了"世界文明奖"这个奖项。而早前在担任全国政协委员期间，吕志和提得最多的提案，是如何提高人民的道德素质及推动人民自觉遵守法律。到自己捐赠的学校考察时，他谈得最多的也是，知识教育很重要，品德教育更重要，育人要从育心开始。

"希望我们的社会，不但有经济的繁荣，还有精神的高贵，不但有科技的发达，还有人文的璀璨。而这一切都需要从心开始，需要有良好的榜样来推动和激励。"谈到对"世界文明奖"的期待，吕志和说："哪怕只是播下一颗有益的种子，这也是我的一个心意。"

吕志和呼吁有能力承担更多的人，要在创造财富的同时承担更多的社会责任。他说："懂得欣赏自己和他人，保持平和与善心，是获得幸福感的秘诀。'施比受更有福'，你拥有的多，能与别人分享，让自己成为他人生命的福祉，这是一种福气。"他认为，发展到今天，国家也好，个人也好，都更应该静下来好好想一想，"那么拼命地发展与工作，你的目标到底是什么？"

三、无限极升级并落实企业社会责任

无限极（中国）有限公司（简称"无限极"），位于江门新会，是李锦记健康产品集团旗下成员，成立于1992年，是一家立足健康养生产业，以中草药健康产品研发、生产、销售及服务为主的现代化大型企业。无限极拥有新会、营口两个生产基地，香港无限极广场、广州无限极中心、上海无限极大厦和广州无限极广场等物业。截至2020年，其在中国内地设有30家分公司、30家服务中心和超过7 000家专卖店。

随着联合国《改变我们的世界——2030年可持续发展议程》（下称"SDGs"）文件的公布，全球企业社会责任进入了SDGs时代。作为行业领军企业，无限极也适时跟进，将其社会责任升级到SDGs模式。

无限极作为一家拥有"责任基因"的企业，从1992年创立以来，一直恪守"思利及人"的核心价值观，在履行社会责任方面取得显著成效。

（一）无限极升级企业社会责任之路

秉承百年民族企业李锦记健康产品集团的经营智慧，无限极将思利及人的价值观融于企业经营发展的每个环节。《南方李锦记2007年度企业社会责任报告》是中国直销行业社会责任报告的开篇。伴随着全球企业社会责任进入SDGs时代，无限极积极与时俱进，于2017年将社会责任升级到SDGs模式。

首先，无限极将"健康"定位为企业的首要责任，既包括健康理念推广，也包括健康产品研发，因而将原来的健康责任、品质责任合并为"健康"。其次，可持续发展的关键是人的发展。伙伴、员工、供应商是企业可持续发展道路上的同行者，故将三者的责任合并为"人"。再次，环境责任是全球各界共同关注的责任，故将"地球"列为一大领域。最后则是回馈社会，它是公司履责的关键和亮点领域，也是公众关注的重点，故将"社区"列为一大领域。

与传统六大责任框架相比，无限极SDGs行动体系内容更聚焦、方向更明确、结构更紧凑。在围绕核心业务特点上，无限极对价值链进行了分析，不仅明确了SDGs的行动框架顺序，还将联合国可持续发展目标纳入公司发展战略中，与"目标3　良好的健康与福祉""目标4　优质教育""目标12　负责任消费和生产""目标17　促进目标实现的伙伴关系"一一对应，形成了无限极特色的优先目标。

（二）无限极以实际行动呼应企业社会责任转型

在推动"良好的健康与福祉"的目标上，无限极秉持独特健康理念和科学专业的健康解决方案。一方面，无限极专注于中华养生智慧的传承与探索，不断推出更高质量的健康产品与服务，为不同年龄、需求的人群提供健康呵护；另一方面，也颇具前瞻性地在中医药健康领域开展研究，以及用低门槛、易普及的健康运动方式启发大众的健康生活灵感，帮助更多人迈向健康可持续的未来。

经过多年深入分析各项经营活动对环境的影响，无限极建立了完善的环境、健康与安全（EHS）管理体系（环境 Environment、健康 Health、安全 Safety）和严格的环境保护制度，力求以最小的资源消耗和更低的环境影响实现绿色运营。

具体来说，在种植方面，倡导使用"牛羊粪"等有机生物化肥，降低对生态系统的影响；在加工环节，优先选用具有高环保意识的供应商，督促供应商增设气体污染物处理设施，减少废气排放；在生产领域，坚持循环用水，使用清洁能源，实现无害排放；在包装方面，采用新型天然环保竹塑材料，超过60%属于可再生废弃竹纤维材料，减少原木材使用量，此外，还积极研发中药渣纸浆模塑技术，把中药渣加工成纸浆模塑包装盒；在运输环节，仓库闲置资源二次利用率达到39%，通过采用新能源车进行配送，百公里碳排放量减少25%。

企业在谋求自身发展的同时，承担社会责任，以更大的担当为社会、大众谋求福祉，这将使它拥有更大的发展空间，实现真正的可持续发展。无限极正以实际行动，持续发挥正能量，为员工、伙伴、社区乃至国家创造价值，并不断发展壮大，吸引了越来越多志同道合者的加入。

四、维达成为广东省首家获得"国版"排污许可证企业

维达国际控股有限公司（简称"维达纸业集团"或"维达集团"），总部位于江门新会，是一家集研究、开发、生产、销售为一体的现代化生活用纸大型企业，是中国生活用纸委员会副主任委员单位，是中国卫生用纸行业产品最多、销售量最大的企业之一。在生产规模、产品质量、市场占有率、经济效益等方面一直处于国内生活用纸行业的领先地位。

2017年4月21日，通过环境保护部审核，维达纸业（中国）有限公司江门分公司成为广东省首家获得"国版"排污许可证的企业。在江门市首张国家排污许可证核发暨媒体通报会上，江门市环保局总工程师谭永强先生向维达核发"国版"排污许可证。

为了配合国家排污许可管理，维达注重完善相关自行监测、台账管理等制度，加强公司环保部门的人员力量，加大资金投入，确保绿色生产，继续实现可持续发展。维达成为广东省首家获得"国版"排污许可证企业，为其他企业提供了"国版"排污许可证申报经验。

五、海信（广东）空调有限公司的绿色生产理念

随着全球环境气候变化，环境污染已关系到人类社会的生存与发展，海信

（广东）空调有限公司义不容辞地背负其社会责任，响应国家节能减排政策。2017 年获得了工信部首批"绿色工厂"称号。

（一）绿色工厂厂房

海信（广东）空调有限公司江门产业园建设方案，依据绿色、环保、安全、高效原则进行了规划。建筑根据保温、通风、采集自然光的思路进行设计，白天不需要照明，夜晚采用环保节能防炫型无极灯进行照明；屋顶安装光伏，生产使用太阳能、天然气等清洁能源；园区绿色植物不低于 7%；土地使用效率在行业处于领先水平。融合海信创新材料的技术应用，屋顶上盖采用的铝锌彩钢瓦材料，与北京鸟巢体育馆上盖使用的钢型材相同，相同的型材生产商和项目施工单位，保证了建筑主体的建造质量。

海信（广东）空调有限公司江门产业园建筑面积 22.78 万平方米，于 2014 年 12 月份正式投产。工厂绿化面积加上可渗水停车场面积共 30 657 平方米，工厂室外总面积为 97 326 平方米，则室外透水地面面积占室外总面积的比例为 31.5%，比国家标准高 30% 以上，满足绿色工厂的要求，同时工厂内机厂房和配套厂房属于二层建筑，办公室属于三层建筑，满足《绿色工厂评价通则》（GB/T 36132—2018）中关于尽量采用多层建筑的要求。

根据《绿色工厂评价通则》关于绩效的基本要求和部分预期性要求，工厂容积率 1.07，实际达到《工业项目建设用地控制指标》要求的 0.7 的 1.5 倍以上；单位产值污染物排放量、单位产值废水排放量和单位产值废气排放量均居于行业前 20% 水平；单位产值综合能耗为 7.4 kgce/万元，达到相关国家、行业标准中的先进值要求，单位产值碳排放量为 9.08 kgCO$_2$e/万元，居于行业前 20% 水平。

海信绿色工厂建设各项指标值均符合《绿色工厂评价通则》，满足参评"绿色工厂"的条件。

（二）废气处理及循环水处理系统

废气处理系统主要是对空调制造过程中的"脱脂"这一重点耗能工序和污染源进行废气治理与节能减排技术改造，将天然气管网接入海信公司，并通过余热回收改造，减少能源消耗，在废气治理时采用塔式喷淋法结合催化燃烧法，分解 97% 的脱脂炉废气，实现达标排放。

循环水处理系统的原理主要是在内机厂房及外机厂房配备循环水冷却系统，使得干燥低焓值的空气经过风机的抽动后，湿热高焓值的水通过管网系统导流至冷却水塔内,当热水与空气接触时,一方面由于空气与水直接传热,另一方面由于水蒸气表面与空气之间的压力差,在压力的作用下产生蒸发现象,从而带走废热,其间在管网与冷却塔中会形成循环水颗粒物的沉淀,需定期清洁循环水系统。

(三)健康清洁的生产环境

通过生产全过程控制,减少甚至消除污染物的生产和排放,有效改善员工的劳动环境和操作条件,减轻生产过程对员工健康的影响,也为公司树立良好的社会形象,同时能够提高企业的市场竞争力,实现经济、社会和环境效益的统一。公司不仅注重节能减排,而且保证了员工身体健康,为员工营造温馨、舒适的工作环境。此外,还在工作环境中投入太阳能车棚、绿色植物等。这些努力,让企业于2017年底获得广东省卫计委授予的"广东省健康促进示范企业"称号。

还有很多邑商企业在保护环境、绿色生产方面都做得很好。如东古调味品公司根据自己的原材料特点,充分利用岭南地区的光照资源,降低能源损耗,建设了占地面积25 000平方米的太阳能光伏发电系统和沼气(污水处理产生的沼气)发电系统,每年发电量高达260万千瓦时。光伏发电主要供调配电房、腐乳电房、四号制曲房使用。

六、新会中集成为疫情防控的排头兵

广东新会中集特种运输设备有限公司(简称"新会中集"),位于江门市新会区大鳌镇,是中集集团在华南地区最重要的多元化产业基地之一,是国家级高新技术企业、广东省知识产权优势企业、广东省博士后创新实践基地,拥有"广东省工程技术研究中心""广东省省级企业技术中心""广东省工业设计中心"等多项高级别科技创新平台。新会中集的核心业务是集装箱及其相应的配套产品供应,主要有海陆联运设备(如标准箱、折叠箱)、公路铁路运输设备(如北美53尺箱)、内陆特殊用途专业集装箱和各类木地板产品。客户包括全球最知名的船公司和租箱公司,产品遍及北美、欧洲、亚洲等全球主要的海陆物流系统。

新冠肺炎疫情发生以来,新会中集认真贯彻落实政府和集团板块的要求部署,在疫情防控应急小组的带领下,公司上下高度重视、统一部署、制订方案、多措并举、逐步落实,实施物资保障、环境防控、员工动向及健康关注等工作,一边心系员工,全面做好疫情防控,一边尽力为复工复产提供充足保障。

(一)承建香港模块化紧急防疫观察中心

随着全球新冠肺炎疫情暴发,为应对严峻的疫情趋势,香港特区政府希望尽快设立更多检疫中心。"中集模块化建筑体系不仅满足该项目高质量、快速交付的要求，同时还符合香港所有的建筑法律法规的要求；不仅能满足当前短期应急需求，在完成本次使命后还可腾挪迁移到其他地方循环使用。"中集集团旗下中集模块化建筑投资有限公司（下称"中集模块化"）市场开拓经理尤迪介绍，中集模块化已在香港落地多个项目，综合实力强劲，深受香港特区政府赞赏。因此，客户最终选择了中集模块化来承建模块化紧急防疫观察中心。该中心不到一个月就完成交付并投入使用，中集模块化产品的质量和速度再次得到香港特区政府的肯定。香港特首林郑月娥、政务司司长张建宗先后考察该项目时，均对包括中集模块化在内的参建单位能在极短时间内建成该项目表示衷心感谢。中集模块化建筑的钢结构由新会中集在疫情期间加班加点完成。

（二）为"战疫"一线的深圳市三医医护人员建好公寓

2020 年 2 月 24 日，由中集模块化在短时间内建好的深圳市第三人民医院（下称深圳市三医）二期工程应急院区医护人员公寓完工，并迎来第一批医护人员入住。该公寓将为深圳市三医"战疫"一线的医护人员提供充分休息的场所。据悉，该公寓楼项目由中建科工集团（原"中建钢构"）总包、中集模块化承建。中集模块化建筑的钢结构由新会中集在疫情期间加班加点完成。

（三）帮扶困难家庭，共克时艰

2020 年 5 月 17 日新会中集党总支党员深入大鳌镇新一村、百顷村走访慰问贫困户，为 5 户贫困户送去了口罩、大米等抗疫防护物资和生活物资。

新会中集恪守初心，践行社会责任，走访慰问进一步拉近了企业与贫困户之间的距离，传递着新会中集党总支对地方困难群体的关爱和温情，使困难群体切实感受到在这场没有硝烟的"战疫"中的温暖和关怀，稳定、安心地度过疫情，让大鳌镇更有生机和爱心。

（四）制订防疫生产两不误方案

复工前夕，新会中集发布《新会中集 2020 年春节后复工复产 HSE 管理专项方案》《新会中集节后开工员工返岗防疫应知事项方案》，指引员工按照规定行动，切实维护员工生命安全和身体健康，正确有序开展工作。在公司门口、市区通勤车、岛内通勤车上车点，设立了体温监测点，每一个进入公司的人员都要佩戴口罩、量体温，体温达标后方可进入。为加强防疫防控宣传力度，时刻提醒广大员工，公司制作一批防疫宣传材料，在全公司范围内张贴宣传。

新会中集积极践行企业责任，回馈社会，促进社会和谐，曾获得"爱心企业"称号。

七、嘉宝莉漆：成就人生色彩梦

如前文所述，嘉宝莉是一家集涂料研发、生产、销售于一体的现代化高新技术企业集团，是中国本土最大的涂料生产企业。

（一）嘉宝莉的色彩之梦

成就一个人的人生色彩梦，立志是其不二选择。车尔尼雪夫斯基的理想，是给天下不幸者以欢乐；嘉宝莉集团创始人仇启明的理想，则是帮助更多的孩子读书、生活，给不幸者以大爱。

作为曾经的一名人民教师，仇启明虽在商海厮杀多年，却依旧保持着一颗质朴动人的初心。他说，助学不是为了功利，而是为了帮助那些孩子铺就人生的色彩梦，真正地走出贫困。

（二）关爱儿童，绿色生产

嘉宝莉的产品，也凝聚着仇启明的大爱和理想。他常说，他的产品就是作品。而儿童漆和水性漆，则是他作品中颇为闪耀的两款。

2005 年，仇启明做出一个重要决定——推出儿童漆。此前的中国涂料市场上，儿童漆从未诞生，原因并不在于技术问题，而是儿童漆投入大、成本高，如果达不到规模效应，一定是亏损的。于是，许多国际品牌在国外做儿童漆，到了中国便直接"省掉"了这一产品线。

仇启明事后说："作为一个本土品牌，一个民族企业，嘉宝莉率先做了这件事，一开始让许多合作伙伴很担心，但事实证明我们这一举措是明智的。现在不管是国产品牌，还是国外品牌，都在跟进做儿童漆。中国的儿童应当有享用高档环保漆的权利，中国的儿童应当在一个健康的环境中生长。"

作为环保事业的忠实践行者，嘉宝莉如今是国内少数能提供墙面漆和木器漆全套儿童漆产品的企业。其认为儿童生活的空间需要更严格的标准，并于 2015 年主导制定儿童房装饰用水性木器涂料和儿童房装饰用内墙涂料国家标准。截至 2019 年，嘉宝莉更累计有 78 种产品被认定为国家级绿色设计产品，并获得"国家级绿色工厂"荣誉称号。同时嘉宝莉还获得"国家高新技术企业""国家级企业技术中心""国家认可实验室""博士后科研工作站"等认证。

20 世纪 90 年代初期，嘉宝莉开始潜心于科研，走环保涂料的自主研发之路。1996 年 8 月，嘉宝莉的前身顺德联邦化工有限公司成立了水性木器涂料项目研发小组，开始进行水性木器涂料的研制。2004 年，嘉宝莉水性木器涂料在当年粤港关键领域重点突破项目中一举中标，获得省政府 1 200 万元专项资金扶持，在 2006 年成功研发出能市场化的水性木器漆产品体系，并建成年产 10 000 吨的水性木器漆生产基地。

经过 20 余载的发展，如今的嘉宝莉已经跻身全球涂料 35 强企业，拥有 8 家一级子公司、八大生产基地，全国销售网点超 6 000 个，年销售额超 35 亿元，品牌价值 258.92 亿元，在中国本土涂料企业中处于强势地位。放眼全球，嘉宝莉出口额近亿元，产品销往美国、澳大利亚、非洲、中亚、中东和东南亚等 30 多个国家和地区，在目标市场拥有长期的合作伙伴。

这些成绩，是市场对嘉宝莉承担社会责任、深耕业务能力的肯定。

（三）"取利于民，还利于善"

"有理想的企业未必一定是成功企业，但是有社会责任感肯定是世界级优秀企业的一个标志。"仇启明曾说。

"少年智则国智，少年强则国强"，民族乃至国家的繁荣昌盛与国民的素质息息相关，仇启明深知教育对于一个民族、一个国家的重要性，"授人以鱼，不如授人以渔"，多年的教师生涯让他领会了一点：一个贫困家庭出了一个有文化的孩子，这个家庭最终会在这个孩子的带领下走出贫困。因此他义无反顾地选择了为少数民族教育事业尽自己的一分力。

2004 年，嘉宝莉正式启动了"兴边富民助学工程——嘉宝莉民族团结助学活动"，从此拉开了对少数民族学生的助学序幕。截至 2020 年，嘉宝莉已先后捐资 1 500 多万元，在全国 27 个省（直辖市、自治区），资助了 50 个民族的 5 920 名少数民族贫困学生完成初中或高中的学业。今后，仇启明还希望能将助学对象扩展到全部 56 个民族，让民族之花在祖国大地上开放得更加绚丽。

在嘉宝莉内部，设立有专门的助学部，负责整个助学工作的开展与落实，专人专职对助学工作进行细致的管理。为了保证捐出的钱能真正用到最有需要的贫困学生身上，2010 年底嘉宝莉又申请成立了广东省嘉宝莉助学基金会，使其助学行动走上了更加规范和健康的发展轨迹。

仇启明表示："这个基金会会一直运作下去。嘉宝莉倒闭了可以不资助，但是这个基金会的生命可能会比嘉宝莉还长，因为我个人是会慢慢累计财力的。当嘉宝莉不再提供资源的时候，我个人会继续提供资源，直到我个人穷到没钱为止。如果中国没有需要资助的小孩了，这个基金会自然会停止运作。"

在仇启明的倡导、支持、帮助下，嘉宝莉助学工程成效突出，捐款数额之大，持续时间之久，受益民族之众，耗费人力之多，捐款范围之广，无不创下了涂料行业中少数民族公益事业之最，为民族团结进步与发展做出了突出的贡献。

（四）未来目标：打造世界一流的国产涂料品牌

在涂料领域，中国企业面临的形势十分严峻。据统计，2019 年全球十大涂料公司没有一家是中国企业。宣威、立邦涂料等品牌，合计占全球涂料市场份额的 43.9%，这其中自然也包括了中国市场。可见要实现"涂料自信"，中国企业任重道远，还需要加强自身实力。

"危机，就是危险与机会并存。"面对这样的竞争环境，仇启明依然保持着一份淡定。他看到，中国涂料行业正在逐步向头部企业集中。数据显示，2018 年我国涂料企业共 1 998 家，2019 年企业数量下降至 1 933 家。这表明，一些小企业被加速淘汰，未来大企业将会越来越强大。

未来嘉宝莉的目标是打造具有国际视野的一流国产涂料品牌，用环保高质的产品和专业的服务，更好地满足国家和社会的需求，成为中国涂料品牌的骄傲。目前，嘉宝莉正在发生着让人期待的改变，这群涂料人的初心不会改变，即始终以消费者的诉求为核心，聚焦产品品质，不断加大研发投入，以更长远的目光进行国际化布局，向世界展现民族品牌的实力与魅力。

第四节　儒家伦理与经济理性的结合

1888 年，李锦记创办人李锦裳先生（广东新会人）于广东省珠海市南水镇发明蚝油，并创立李锦记。历经一百多年的持续发展，李锦记集团已成为一个家喻户晓的酱料王国，集团设于香港，并在其他地区如广东新会、黄埔、山东济宁以及美国洛杉矶、马来西亚吉隆坡设立生产基地。李锦记现时供应逾 200 种产品到全球超过 100 个国家和地区。除酱料集团业务外，李锦记集团更透过属下的健康产品集团积极拓展其他业务，让李锦记集团发展成为一家拥有多元化业务的现代化企业。

李锦记集团决策层已历经四代更替，是一家典型的百年老字号家族企业，同时也是极少数将文化、价值观作为企业核心竞争力并运用到实际的中国公司，其管理模式的转变为其他家族企业现代化变革提供了宝贵的经验。

一、"家族主义"与李锦记集团的特殊治理结构

民间有家族企业及其财富传承"富不过三代"的说法，李锦记集团却走过了130余年历程而久盛不衰。目前李锦记家族的第四代成员成为集团业务的中坚力量，家族第五代成员也已逐渐成长起来。李锦记最为人瞩目和称道之处就在于其百年来成功的代际传承及持续创业，这种成就得益于其不同于普通家族企业的独特治理结构。

李锦记在家族企业治理方面走出了一套与中国普通家族企业不尽相同的道路，即股权封闭，只允许具有李锦记家族血缘的家庭内部成员持有股份，通过一套正式与非正式的制度安排进行家族治理，培育和选择具有创业精神和经营才能的家族精英来治理企业，同时吸收部分外部职业经理人辅助治理。这种治理模式并未实现经典公司治理理论中的两权分离，也没有将控制权完全让渡给职业经理人，但却有效避免了股权分散、内部人控制、代理成本较高和难以规避外部资本市场风险等治理弊病，开辟了一条中国家族企业治理新路径。

李锦记家族治理的核心是作为家族利益最高代表机构和权力决策中枢的家族委员会。2003年，李锦记正式成立家族委员会，核心成员由李文达夫妇及其五个子女构成。家族委员会是家族成员的正式沟通机制，主要讨论家族的发展规划、后代培育等事关家族整体及全局的重大事项，其基本任务是完善家族"宪法"、强化家族核心价值观以及家族成员培育等，同时增进家族成员之间的感情和交流。家族委员会每季度召开一次，会期四天。家族委员会并不坚持一言堂式的传统家长制决策方式，而是由进入委员会的家族成员轮流主持，在自然、友好、融洽的亲情氛围中各抒己见、民主决策。

◆ **拓展阅读** ◆

李锦记家族"宪法"

创立于1888年的李锦记已经走过130余年，这个百年老店在成长史上，也曾经两次因为接班人的决策分歧而让企业深陷难题，甚至因此关闭半年时间。第三代接班人李文达在痛定思痛后，探索出一个能使家族企业持续发展的方法，即以契约制度保证家业的传承。

（1）公司治理：具有血缘关系的家族成员才能持有公司股份；下一代无论男女只要具有血缘关系，就具有股份继承权；董事局一定要有非家族人士担任独

立董事；酱料和保健品两大核心业务的主席必须是家族成员，主席每两年选举一次；集团董事长必须是家族成员；CEO可以外聘。

（2）接班人培养：对于是否接手家族生意，下一代拥有自主选择权。后代要进入家族企业必须符合三个条件：第一，至少要大学毕业，之后至少要在外部公司工作3至5年；第二，应聘程序和入职后的考核必须和非家族成员相同，必须从基层做起；第三，如果无法胜任工作，可以给一次机会，若仍旧没有改进，一样要被解雇；如果下一代在外打拼有所成就，李锦记需要时可将其"挖"回。

（3）家族会议：每3个月召开一次家族会议，会期4天。前三天家族委员会核心成员参加，后一天家族成员全部参加；会议设一主持人，由委员会核心成员轮流担任。

（4）家庭内部规范：不准晚婚，不准离婚，不准有婚外情。如果有人因个人原因退出董事会或公司，股份可以卖给公司，但仍然不能离开家族，仍是家族委员会成员，且参加家族会议。

（5）家族成员退休规定：家族成员年满65岁时退休。

（6）家族"宪法"修改和决议执行："宪法"内容的制订和修改，必须经家族委员会75%以上通过，一般家族事务的决议超过51%就算通过。

以上各条，充分保障了家族的利益和纯洁性，最大可能地杜绝了将来内斗的发生，防患于未然。同时家族委员会成立后，李锦记就确立了集体领导的模式，不再指定家族企业的接班人，重大的事务全部由家族委员会集体讨论决定。

与国内其他形式的企业以及其他家族企业将经营重心放在"企业永续"不同，李锦记追求的首先是"家族永续"。秉持着中国传统"家和万事兴"的事业理念，李锦记的创业者认为，企业经济利益至上的经营理念将个人和企业利益置于家族利益之上，很可能导致家族的四分五裂，家族的矛盾及动荡则会对企业产生十分消极的影响，进而威胁整个家族的长远利益。因此，只有保障家族的团结与和睦，将儒家伦理与现代公司治理与经营的先进制度相结合，企业才能得到真正的永续发展。

二、家族治理中的儒家伦理与经济理性

李锦记发展史上曾出现两次家庭分裂，每次都对家族企业造成资源短缺等经营困境，也对家族亲情造成重大伤害。此外，在儒家伦理背景下，企业管理的正

式制度容易受到差序格局的亲缘主义干预，在人员选聘、晋升、薪酬安排及业务外包、采购等方面偏私亲信，降低企业制度的公信力，间接侵占非家族成员的机会和利益。因此，家族企业虽与家族有千丝万缕的联系，但本质依然是盈利性的经济组织，其运营需要遵循组织中理性计算系统设定的逻辑。

多年的经营经验及教训表明，家族自身难以完全依靠天然的亲缘关系和传统的家庭伦理支撑家族企业的持续发展，婚姻、病故、分家等家庭变故容易对家族企业的稳定运行产生重大消极影响。李锦记百年兴旺的成功之处就在于，它从历史的教训中汲取经验，既没有走中国传统家族企业纯粹家族治理的路子，也没有采取西方上市公司的现代治理模式，而是将中国的儒家伦理与现代市场经济中的组织理性结合起来，融通两者长处，以儒家伦理中的家族主义信任及家族价值观作为非正式制度，推己及人、思利及人，加强家族企业的文化凝聚力；以经济理性、权力制衡、契约精神等西方经营中的先进理念来进行正式制度建构，对家族进行自我约束，减少儒家伦理的亲缘主义对企业经营的不当干预。

基于以上诸多考量，李锦记第四代成员于 2002 年赴欧洲、日本等地考察家族企业永续经营的经验，将儒家伦理与现代市场经济体制下的组织理性结合起来，逐渐探索出具有中国本土特色的家族企业治理模式。该模式的核心思想有三个：一是公司是家族事业的一部分，家族的治理重于公司的治理，家族牢牢掌握公司控制权，只有家族团结和谐，家族企业才能永续发展；二是清晰区分家族的治理与公司的治理，减少家族对公司治理的不当干预；三是家族的治理由非正式规则（儒家伦理中的家族文化价值观）与正式规则（治理结构设置与家族"宪法"）共同组成。李锦记关于公司治理的上述规定，厘清了家族委员会与公司董事局之间的职权界限，解决了困扰许多家族企业的一大难题，即家族与企业之间的混乱关系。

三、"思利及人"与"自动波"领导

李锦记在企业文化及人力资源管理领域具有鲜明的儒家伦理痕迹，并成功地将之转化为一种具有后现代主义色彩的领导模式。与家族文化基因重合的李锦记企业文化是"思利及人"，它凝聚了儒家伦理思想的精髓，并被巧妙地转化为一种现代企业集团的文化价值观，是李锦记中国式管理智慧的灵魂。在"思利及人"思想的驱动下，李惠森（李锦记第四代成员、现任李锦记健康产品集团主席兼行政总裁）在无限极等李氏家族企业发展出"自动波"领导模式，这是道家"无为而治"思想和后现代主义者主体离心化与去中心性的"无形领导"与"自我管理"的一种实现形式。

（一）"思利及人"与"自动波"的含义

"思利及人"是一位研究字画的老人送给李文达（李锦记第三代成员、现任李锦记集团主席）的一幅字，原文是颜真卿的《争座位帖》中的"修身岂为名传世，做事惟思利及人"。李文达亲笔题写"思利及人"并将之作为李锦记家族做人、行事及办企业的核心价值理念，同时也是李锦记企业处理与员工、供销商及社会等相关方利益关系的基本准则。在建设与推行企业文化的过程中，"思利及人"被李文达、李惠森等人解释为"做事之前先思考如何有利于大家"，即谋利时考虑他人利益，才能将自己的事业做大。"思利及人"是儒家处理人与人之间利益关系时提出的一种忠恕伦理。"夫子之道，忠恕而已矣"（《论语·里仁》），忠恕作为儒家"合外内之道"的基本原则，在儒家伦理体系中具有十分重要的位置。"己所不欲，勿施于人"（《论语·卫灵公》）、"己欲立而立人，己欲达而达人"（《论语·雍也》）、"推己及人""将心比心"等都是忠恕思想的体现。"思利及人"被视为李锦记的文化基因和李锦记健康产品集团的核心竞争力。

在李锦记企业的经营中，"思利及人"还被转化为具有中国道家"无为而治"智慧的"自动波"领导模式。这一模式折射的正是"思利及人"的文化基因，本质是对"思利及人"理念的具体落实、传承和发展，两者聚焦的都是个人与集体的关系，强调对人的关怀和尊重。

"自动波"语义上指粤语中汽车的"自动档"，被李惠森用以表达企业领导者凝聚共同价值观，依靠信念和制度，除公司发展战略、人才策略与企业文化之外，不干涉其他公司具体事务，即便领导者不在，公司员工也都坚守岗位、各司其职，所有成员致力于共同目标的领导模式。以这种领导模式经营企业的目的并非物质利益最大化，而是获得自由与快乐的情感体验。

"自动波"领导模式赋予员工极大的工作自主权和成长空间，领导者在其间扮演引领者、教练者和激励者的角色，而不是执行者、监督者和指挥者等管理角色，因而是一种去管理化和去中心性的领导模式。"自动波"领导对"自由"及"快乐"的追求，以及在工作场所对情感体验的强调，都使之具有丰富的后现代意象，是互联网时代和后工业社会中国本土企业探索"无为而治"领导境界的一种积极尝试。

（二）给予家族企业的启示

目前多数家族企业面临家族主义与经理主义的治理困境。家族主义难以满足日益扩大的企业经营对人才、资本、技术及创新要素的需求，甚至抵制基于普遍主义的信用、公正、效率等价值要素的需求。基于这些原因，已经引入国内20多年的现代公司治理机制和经理主义往往在家族企业中形同虚设。两权分离、权力制衡及职业经营等现代公司治理的基本原则与儒家伦理之间的冲突被无限放大，似乎儒家伦理总是阻滞现代资本逻辑及其效力的发挥。然而，美国公司治理的资本主义（股东至上论）与经理主义同样面临各种困境，诸如劳资冲突、内部人控制、恶意并购、高昂的监督约束成本以及外部金融市场风险等。

李锦记集团在家族企业公司治理与人员管理的制度创新领域积累了丰富的经验，为将传统儒家伦理与现代企业经营制度结合做出了巨大努力，提供了一个成功范本。李锦记将每年清明前后的"祭祖"与"创业纪念"活动相融合，其开展的清明节活动包括为先辈创业者扫墓、参观灵堂、重温先辈创业的艰辛历程、召开李锦记企业家族企业创业表彰大会等。在维系传统家族主义信念及家族凝聚力的同时，将面向市场化与国际化的经济理性嵌入其中，将理性创业精神灌输给每个家族成员。总之，李锦记将家族的治理置于企业治理之上，确立家族核心价值观，设立家族委员会，制定家族"宪法"，通过家族的团结和睦实现企业的永续经营。可见，现代公司治理并非只有美国式两权分离、专业经营的经理主义治理一条道路可循。如果恰当地将中国儒家伦理与西方治理制度及制衡机制结合起来，探索儒家伦理节制现代公司资本劣性的制度途径，融通家族主义与经理主义，则可能开辟一种具有中国本土特色和民族智慧的家族企业治理模式。

第五章

邑商精神与企业文化

　　随着知识经济和经济全球化的发展，企业之间的竞争越来越激烈，企业文化对企业的生存和发展的作用越来越大，成为企业管理的核心要素。在这种情势下，营造鲜明的企业文化，可以为企业管理提供最有力、最长效的支持，所以这无疑成为企业管理者的首要任务。纵观成功企业的发展史，无一例外地都有着深厚的文化底蕴，但企业文化又是企业管理中最模糊的领域，也是迄今为止对每个企业来说都很具挑战性的一环，因为它涉及企业的价值观、员工士气以及领导方式等诸多领域。这说明企业文化与企业的生存、发展紧密相连，所以构建企业文化，也成为建立现代企业管理体制必不可少的关键因素。

　　地域文化是企业文化落地生根的土壤，地域文化已然在无形中铸就了员工队伍的群体特征。不同地域形成不同的政治、经济和社会环境，受地域文化长期浸染的消费者、政府机关、供应商和竞争对手等市场主体也表现出不同的特点和需求。因此，邑商的企业文化也深深打上了江门五邑文化的烙印。在企业文化建设方面，邑商精神主要体现在中西合璧、团结共济、以人为本，以及致力于中华传统文化的继承与发扬。

第一节　邑商企业文化的发展与凝练

　　改革开放以来，江门五邑的民营企业家从实际出发，大胆探索、勇于开拓、艰苦创业，突破传统生产模式，借助侨胞的外来资金开始尝试创业，在实践中走出了一条独具特色的发展经济的新道路。

　　江门民营企业兴旺之路始于 20 世纪 90 年代。企业家们抓住改革开放的大好时机，以邑商特有的拼搏精神，利用当时廉价的人力成本优势和地理优势，凭借敏锐的市场直觉，运筹帷幄，迅速抢占市场，形成了一批成功的新邑商。经过近 30 年的沉淀，这些企业各自独特的企业文化得以形成。下面以雅图高新材料股份有限公司（简称"雅图高新"）为例，阐述邑商企业文化的凝练过程。

　　雅图高新，总部位于江门鹤山，成立于 1995 年。经过 20 多年的耕耘和发展，雅图高新已成为一家集研发制造、品牌运营、专业服务、技能培训于一体的高新技术涂料企业、科技型民营企业。雅图高新是省级企业技术中心、广东省博士工作站、广东省工程技术研究中心、广东省重大科技专项实施单位，还获得了广东省著名商标、广东省名牌产品等称号。

　　在 20 多年的发展实践中，雅图高新不断摸索和总结，逐渐提炼出公司的使命、愿景、价值观和经营理念，始终以文化建设引领公司与时俱进，攻坚克难，探索出一条迈向领导品牌的企业文化建设之路。纵观公司的成长历程，其文化的形成大致经历以下阶段。

　　（1）企业文化沉淀期（1995—2010 年）。1995—2010 年，雅图高新为民营小微企业，但面对国外品牌的全面封锁，公司以高度的使命感，提出了"点点滴滴做好漆"的质量理念，在众多领域打破国外品牌的垄断。例如，公司于 2003 年完成年产自主研发树脂产业化；2005 年，公司成为国内汽车涂料出口第一的民营企业；2006 年，公司与华南理工大学成立联合技术研发中心，填补了国内自主研发水性汽车涂料的空白；2008 年公司获得了"广东省著名商标"称号；2009 年公司品牌产品获得了"广东省名牌产品"称号。"雅图出品，必属精品"的雅图品牌在国内外市场获得了广泛的赞誉。

　　（2）企业文化成型期（2010—2014 年）。2010 年，雅图高新发展得到了升华，2010 年 3 月 1 日，公司全体人员开展了企业文化建设行动，通过问卷征集、座谈会等形式广泛发动员工积极参与，总结了公司的核心价值观及企业愿景，还有各项理念。最终确立了企业文化理念体系并形成《企业文化手册》，顺利完成了从民营企业向现代企业制度的成功转型，为公司可持续发展奠定了坚实的基础。2011 年，公司适时提出了"领航中国　比肩国际"的企业愿景，高层领导以市场为导向，同时注重发扬企业员工的主人翁精神，企业管理日益现代化，业绩蒸蒸日上。

　　（3）企业文化上升期（2014 年至今）。2014 年开始，雅图高新逐步获得如吉利、长安、长城、江铃福特、广汽传祺等汽车原厂认证。雅图高新以国际化视野引领公司在渠道建设、团队素质、品质管理、创新能力、服务水平等方面全面实施管理变革，并积极引进 IATF 16949 国际管理标准体系，看齐卓越绩效管理模式，使得公司在产品质量、产品销量、市场占有率和品牌美誉度方面全面赶超国际一线品牌，成为当之无愧的享誉世界的中国品牌。2017 年起雅图高新为更好地适应全球供应，分别在中国香港、美国、印度、墨西哥、俄罗斯等地设立子公司和培训中心，雅图高新更上一层楼。这段时期的企业文化，重点强调以国际化视野引领公司全面实施管理变革。

经过以上阶段的发展，形成了雅图高新如今的企业文化，其核心凝练为"三同文化"，即：

同一面旗：所有雅图人都要"朝一个方向，同一份事业，共一个指引"。

同一首曲：所有雅图人都要"同捧一颗心，共使一道力，齐献一份智"。

同一份利：雅图高新利润反哺员工，利益回报经销商，价值回馈社会。

雅图高新的"三同文化"，体现出邑商企业的抱负和邑商日益成熟的现代企业家胸怀。该公司企业文化的形成过程，是改革开放以来新邑商企业特别是江门五邑地区民营企业家成长的缩影。

第二节　港澳台及海外邑商的企业文化

江门五邑毗邻港澳，水陆交通方便，海外华侨众多，是全国重点侨乡之一，同潮汕和闽南地区并称为全国三大侨乡。勇敢勤劳的五邑先辈随着海水漂泊，涌向了全世界。早期的港澳台及海外邑商，经过艰难的前期零售、批发等商业创业形式，累积起相当规模的资本，其中的部分邑商把握住了发展契机，将商业资本转移到工业领域，适时地引进各类管理、技术等专业化人才，加强与当地资本的合作，促进产业资本与金融资本融合，继而造就了冯国经、吕志和、利国伟、伍舜德、李文达等一大批港澳台及海外商业巨子，形成了中西合璧、诚信经营的邑商文化。这里仅以吕志和创办的嘉华集团为例，对港澳台及海外邑商的企业文化管中窥豹。

一、中西合璧：以制管事，用心带人

中西合璧是吕志和创新业务、施展管理的重要精神。他强调要做出中国人自

己的特色，但也要把全世界优秀的为我所用。银河娱乐快速崛起的很大原因是，坚定以亚洲特色服务以中国内地中产阶级为主的亚洲市场，同时也做到开眼看世界，尤其是向西方先进同行学习。

吕志和创立嘉华集团之初，便不断引入西方的管理制度提升营运效益，他聘用海外专业人士出任公司高管，也把儿女以及优秀员工送到海外学习。20世纪80年代开展酒店业务时，他就采用特许经营模式与世界知名的酒店品牌合作，以规范化的管理制度提供优良服务，尔后来到澳门，他也是苦心经营，最终才建立了澳门最国际化的企业运营模式。

吕志和极力主张向西方学习，但他并不是一个主张全面西化的企业家。相反，他是一个非常热爱且致力于传承中国传统文化的人。管理上，他既不认为西方制度是万能的灵药，也不对东方的人情主义怀有天真的幻想，而是在西方制度化和东方人性化之间，于情、理、法的复杂关系里寻觅出中庸之道并灵活运用——基于中国文化运用西方制度，建立与完善管理体系和文化：以制管事，用心带人，约法三章的同时注重人性关照。

二、诚信营商，老实做人

吕志和十分重视中华优秀传统文化在现代社会的灵活应用，强调对"仁、义、礼、智、信""德、智、体、群、美"的继承与发扬，以及在人与社会常情和常识中，学习人与人相处的艺术。他说，管理的最高境界是管理人的关系，传统美德和人与人相处的艺术，看起来与现代管理学风马牛不相及，却是一个商业架构苗壮的根基。

"中庸是道，平凡是福"是吕志和的人生哲学。他说自己做生意不追求暴利，当然也不想亏本。别人吃三碗饭，他吃一碗便够，有合理利润便会心满意足。他不给自己的事业设定终极目标，但每一个机会都会竭尽所能去把握。尽最大努力的同时，他也总有接受最坏结果的准备，只要方向正确，一时挫败也乐于接受。

争先但不恐后，求进而又知止，这也是吕志和与很多雄心勃勃的成功者最大的不同。虽然一生经历无数的商业竞争甚至商战，但他从内心不喜欢"战斗"这个词语，他说："人生不应该是一个战场，而应该是一趟愉快的旅程。"这种乐天知命的精神，让吕志和不是那么雷厉风行，但也让他在起起伏伏中更加从容不迫、步履坚定。因而，几十年的大风大浪中，他的人生进程有迂回，有放缓，但前进的步伐从未停歇。

吕志和坚信，诚信营商，老实做人，取诸社会，用诸社会，这都是获得长久事业和人生成功的根本。

一次吕志和与 EMBA 学生的对话中，有学生问道："诚信、老实，这些观念在现代弱肉强食的社会是否依然可行？"吕志和淡然地答道："我现在仍然能够在商界生存，不知道这是否算是答案。"

对希望成功的人，吕志和的忠告是：多问耕耘，少问收获，多做好自己，少与别人比较，不要终日想着有什么成功的秘诀和捷径，忽略了勤奋用功的重要性。他说，无论在工作上或成长的过程中，唯有尽力尝试，追求完美，才可以提升自我的价值，让生命更具意义。

在香港大家族中，吕志和家族一直保持着低调，即使不可避免地遇到各种媒体提问，他也一直秉持一个理念：只谈自己知道的分内之事，不指点江山、臧否人物。无论吕志和本人还是其下一代，乃至第三代，也都不是圈子或者社交文化的热衷者。在香港的刊物里，基本上看不到吕氏家族的新闻，第三代更从未在媒体上抛头露面过，其作风也与大多数香港豪门大相径庭。

即使在澳门这个喧嚣的大舞台上，银河娱乐与其他同行的作风也有显著的不同。他们踏踏实实专注于业务，保持言行谨慎，包括业务上，也都通过创新和差异化，尽量避免与同行短兵相接，针锋相对。被媒体追问彼此的竞争关系时，也基本上是一致定调：大家都是朋友，携手发展有助于澳门的城市繁荣。

第三节 江门"传统老字号"的企业文化建设

江门五邑地区拥有开平广合腐乳、台山海中玉牌纯虾酱、鹤山东古牌古劳面豉及酱油等诸多闻名遐迩的"传统老字号"产品，深受国内消费者和海外华侨喜爱。这些企业在江门传统文化以及经济版图中拥有很重要的地位。这些产品之所以经久不衰，与生产企业的文化建设密不可分。这里仅以鹤山东古调味食品有限公司（简称"东古公司"）为例，了解这些"传统老字号"的企业文化体系，领略这些"传统老字号"产品香飘海内外的奥秘。

一、企业文化体系的确定

一百多年以来，在不断吸收和传承传统酱园文化精髓的基础上，东古公司融合现代企业的管理理念，形成公司各发展阶段的文化特点。如今，东古公司通过多次会上会下的意见收集、讨论，提炼出一系列愿景、使命、核心价值观、品牌文化等，构建了系统化的具有东古"中华老字号"特色的企业文化体系。

（一）企业愿景——百年东古，味满天下

东古公司迄今已有170多年历史。百年来风云变幻，公司仍坚持沿用传统的天然晒制工艺，酱油产品色泽红亮，酱香浓郁，口感鲜美，成为传世调味品。在传承传统工艺的同时，东古公司结合创新技术，与时俱进，不断打造品牌、提升公司综合实力，让蕴含华夏悠久历史传统文化的东古特色中国味遍布天下。

（二）企业使命

（1）传承中华技艺：东古公司坚持沿用传统的小池发酵的天然晒制方法，此核心技艺恒久不变。

（2）传扬华夏美食：让公司优良的中华传统调味品，走进华夏每个角落，为美食增色；随着中华美食在世界的享誉发展和公司独特的传统工艺传承，将东古产品打造成为中外交流中的中国传统饮食文化代表之一，让东古特色的中国味传播到全世界每一个角落，让华人世界每一天都能在品味中领略古朴、悠远的华夏文明。

（3）酿造美好生活：作为生活中必不可少的调味品，东古公司继续保持传统酿造工艺传承与现代技术的结合，让产品保持健康、安全、优良的品质，为人们的美好生活增香增色。

（三）核心价值观

（1）诚信：公司立足之本，与经销商真诚交往，信守承诺，建厂至今，多年来不离不弃、风雨同舟、荣辱与共。

（2）敬业：鼓励员工长期服务，以专业、专注的态度，全力打造工匠精神，获得卓越成就，与公司共同发展，实现个人价值。

（3）文明：百年东古，传承华夏文明，保持小池发酵的传统核心技艺，通过东古公司的产品，品尝历史的味道；以人为本，关爱员工，营造家庭氛围，传承中华优良传统；心怀感恩，发展的同时不忘本，回馈家乡和社会。

（4）创新：在坚持传统核心技艺的基础上，通过现代化手段，不断追求产

品、工艺和管理创新，提升产品品质和质量管理水平，创造安全和健康的产品和工作环境，迈向智能制造，与时俱进。

（四）品牌文化

酱油传承一百多年小池发酵工艺，色泽红亮，酱香浓郁，口感鲜美，树立了"传世调味，百年东古"的品牌形象；品牌 LOGO 的含义是：坚守东方小池发酵的传统酱油工艺。

二、企业文化体系的展开

公司通过多种沟通机制（网站、微信公众号、企业宣传片、展会、公司内部企业文化活动、户内外广告宣传、会议宣贯、员工培训、公益活动、公众影视与媒体宣传等）展开企业愿景、使命和核心价值观及品牌文化的宣传。在企业内部，管理层在领导系统的各个环节沟通企业愿景、使命和核心价值观，从高层贯穿到一线员工。厂区范围内随处可见企业愿景、使命和核心价值观的宣传，厂区中心的巨型酱油瓶不仅代表着东古公司对传统酿制技艺的传承，亦是其企业文化和品牌文化的最佳宣扬。在企业外部，通过广告、媒体等方式传播公司企业文化和品牌文化，坚持多年在中央电视台投放广告，借助中央电视台的公信力，树立东古公司的企业形象；同时，东古酱油独特的鲜味和香味，吸引各地厨师慕名而来，多次到公司实地交流；每年 3 月份的公司年会，传达战略布局给总经销商；11 月份总经销商来东古公司分享交流经验和教训；通过这些方法，公司的企业文化得以有效地向各相关方传送。

三、领导对落实价值观的表率作用

高层领导通过个人行动，传达核心价值观，为期望的行为做表率。董事长在各种场合强调传承中华技艺，坚持沿用传统的小池发酵的天然晒制方法，此核心内容恒久不变；在传承传统工艺的同时，结合技术创新，与时俱进，不断提高生产效率和确保产品质量，不断打造品牌、提升公司综合实力。公司注重创新，董事长参与产品创新与工艺改进环节，经常与研发中心部长、技术部长交流产品研发和工艺改进，提出诸多好的建议。公司和员工都坚信自己生产的产品质量过硬，让人放心和安心，饭堂的调味品均来自东古；公司高层每年都鼓励员工参与当地的龙舟比赛，促进对传统岭南文化的传承。

第四节 高科技公司的企业文化建设

长期以来，邑商从不缺乏开拓进取精神。进入 21 世纪以来，涌现出诸如量子生物、科恒实业等诸多高科技企业。与其他企业相比，高科技公司的员工结构呈现高学历、年轻化的特点，所以其企业文化亦具有自己的独特性。

量子生物把"让员工幸福，让顾客感动"视为企业存在的价值所在，追求经营利润的同时，不忘初心，将优秀传统文化导入经营管理中，大力开展人文教育，通过对优秀传统文化的学习，提升员工的感恩之心，强化员工的社会责任感。在传统文化的熏陶下，员工在家孝顺老人，在外感恩社会，做人谦虚，遇到矛盾先从自身找原因，做到奉献、守信、和谐。在家里，"量子人"要做好儿女（爸妈），把小家建成幸福家庭；在企业，"量子人"要做好员工，把公司建设成幸福企业；在社会上，"量子人"要做好公民，建设和谐社会，实现中国梦，乃至世界大同的幸福梦。

一、成立专司企业文化工作的部门——"幸福企业工作部"

量子生物高层认为，公司的发展，得益于勇于改革的精神，得益于现代科研的力量，更得益于企业文化的推动。为推进公司的企业文化建设，以优秀的企业文化引领员工发展，凝聚员工力量，努力营造有利于企业发展的内部和外部环境，量子生物于 2014 年年初成立了"幸福企业工作部"，专司企业文化的具体工作，统筹协调公司的各种资源，推动企业文化建设各项目标的实现。具体工作为：指导监督公司企业文化建设规划、方案的实施和推进；对公司企业文化建设进行检查和考核。通过高层宣导、全员培训主题活动、客户互动等对内、对外展开方式进行宣传，通过组织变革，制定员工行为规范、员工手册，建立内控机制等方式在企业内部践行，通过员工行为检查、内外部审计、绩效评估等方式对确立的企业文化内容进行评估，在不断学习、改进的过程中持续完善企业文化。

二、公司企业文化体系的核心内容

（一）企业使命：让千家万户拥有微生态健康和幸福

量子生物主要生产微生态健康领域产品。微生态健康事业代表了一项革命性的健康新知与技术，即利用分子生物学和系统医学的方法，以人体菌群为靶点，研究营养、菌群与健康的关系，具有广阔的应用范围和前景。虽然量子生物具有持续、高效的产业化能力和不错的研发实力，在全球微生态领域中是极少数拥有核心技术能力的企业之一，但公司清醒地看到：在全球范围内，微生态健康产业才刚刚起步，远未达到形成产业化的态势，人们对微生态健康还很陌生，发展之路必将遇到重重困难。但微生态健康事业是一个带给人类健康的伟大而崇高的事业，是有利于改善人们生存状态、提高生活品质的事业，公司坚定不移地为人类健康而终生奋斗，将"让千家万户拥有微生态健康和幸福"作为公司矢志不渝的理想和使命。

（二）企业愿景：成为全球微生态健康领域的领军企业

目前，量子生物创造了多项技术成果，取得了多项发明专利，已成为微生态健康产业的国家级高新技术企业。公司健康、稳步的发展受到了资本市场的青睐，成功登陆创业板资本市场，进而使公司的发展如虎添翼，有望成为受人尊敬的全球微生态健康领域的领军企业。

（三）企业核心价值观：事在人为

"事在人为"既是量子生物的核心价值观，也是企业精神。量子生物本着"关爱他人、以德为先"的标准全力以赴去做每一件事情，这样才能做对事、做好事，通过德生行、行生慧、慧生果、果生财的循环发展确保企业永续经营。

（四）企业宗旨：为员工、顾客、股东创造价值的同时为社会做贡献

量子生物为每一位员工创造尽情发挥才能的大舞台，为员工的成长和发展创造良好的学习环境，立志让每位员工都成为有理想、有抱负、求真务实的优秀人才，为社会做贡献。

顾客是水，企业是舟，水能载舟也能覆舟。假如不能满足顾客需求，企业就会失去顾客，也就没有存在的价值。

量子生物认识到，作为一家公众企业，企业承载了广大股东的认同和期待。公司既要让股东享受到成功经营创造的利润回报，更要让股东享受企业为社会做贡献带来的精神满足。

三、通过"幸福企业八大模块"细化企业文化体系内容

经营企业就是经营人心。量子生物通过印发经营理念手册、年度幸福企业足迹、月度幸福企业简报，发布微信公众号推文，开设量子之声电台广播，开展每

月升旗仪式、每周晨会、每天晨读、迎早问候等活动，以及企业领导亲自授课的方式进行企业文化的传播，让员工充分理解企业的使命、愿景、核心价值观和宗旨，并将核心价值观延伸到上、下游合作伙伴，让各方的思想和步伐与公司的企业文化保持一致。

公司通过创新企业文化理念，围绕人文关怀、人文教育、绿色环保、健康促进、慈善公益等八大模块开展系列幸福企业建设活动。

（1）人文关怀：爱心基金、领班关爱基金、迎早问候、准妈妈关怀、困难员工帮扶等。

（2）人文教育：圣贤文化、礼仪讲座、生日会、读书会等。

（3）绿色环保：绿色设计、绿色制造、绿色采购等。

（4）健康促进：设立幸福医务室，完善员工健康档案，开展健康培训等。

（5）慈善公益：幸福校园、幸福社区建设，关爱老人，爱心捐助等。

（6）志工拓展：志工档案建立制度，开展志工培训、体验。

（7）人文记录：文字、影像记录爱的足迹。

（8）敦伦尽分：应知应会、工匠精神、付出不亚于任何人的努力。

四、建立企业文化贯彻平台

为了更好地宣传公司的价值观和发展目标，公司建立了相对完善的沟通机制，通过公司网站、宣传栏、标语、员工座谈会等形式进行信息传递和反馈，从而保证利益相关者与公司的沟通及时、准确、通畅。经过各种形式的双向沟通，全体员工、合作伙伴对于公司文化理念和发展战略的理解更加深入。

（一）针对公司员工

（1）经营理念手册、年度幸福企业足迹、月度幸福企业简报：涵盖公司阶段性政策、工作重点，宣传企业文化理念。

（2）钉钉办公平台：发布公司最新动态、公告通知，拉近与员工的距离，把公司的文化理念传递并渗透到公司各层面。

（3）各种会议（年度总结大会、月度部门例会、班前班后会、午餐沟通会、领班座谈会）：总结公司运营情况，落实公司政策方针，传达企业文化、公司最新政策，学习公司最新制度，将文化理念传递到基层；通过座谈交流向员工传达公司的文化理念。

（4）员工文化活动：结合公司指导思想，确定年度文化活动方案和各活动主题，通过文体活动，传递和渗透公司文化。

（5）每月升旗仪式、每天晨读圣贤文化、每月人文教育：宣贯公司价值观、文化理念。

（二）针对社会公众及终端消费者

（1）参观接待：宣传企业形象、推广公司产品。

（2）公司网站、宣传片、微信公众号、量子之声电台：利用网络传媒的时效性和互动性，向社会宣传弘扬公司优秀文化，传播公司的价值理念。

五、公司高层的表率作用

公司高层领导通过多种形式以身作则践行企业文化，以自身的实际行动带领全体员工履行企业承诺，首先做到细节见真章。如领导带头给员工迎早鞠躬问候；从董事长、总经理等领导开始带头引人向善，倡导戒烟行动，领导带头戒烟；领导在"光盘行动"公约上签名，用餐"光盘"，杜绝浪费；公司开始绿色低碳建设，每月休车一次，领导带头践行；公司领导与全体员工用餐标准一致，不单独做"领导餐"，开展午餐沟通会，员工与公司高层共用午餐，聆听基层员工心声。

第五节 传统制造业的企业文化建设

与高科技公司相比，传统制造业企业的员工结构具有一线现场生产员工较多、员工平均学历较低等特征，所以这些公司的企业文化建设有自己的特点。

江门气派摩托车有限公司（简称"气派公司"），始建于 2002 年 4 月，2019 年实现摩托车及发动机产销量超 38 万台，产品出口到 80 个国家和地区。目前气派公司的摩托车产销量处在行业 100 强第 21 名，在广东省处于第 5 位，江门市第 2 位。气派公司坐落于美丽的五邑侨乡，毗邻美丽的小鸟天堂，依托邻近梁启超故居浓厚的人文气息，融合五邑侨乡文化精华，经过多年的发展，已经形成了以产品和质量为导向、员工满意为核心的企业文化氛围。

一、企业文化体系的构成

气派公司作为现代市场经济条件下的社会经济组织，在努力追求和创造利润的同时，积极担负社会责任，强调对客户的责任、对股东的责任，实现企业和社会、股东、客户的共同成长，在诸多利益相关之间建立了和谐发展的"利益共同体"关系。

（一）企业使命：为顾客提供新颖优质产品

为客户提供产品：客户是老板，顾客是上帝。客户是公司的衣食父母，气派公司时刻坚持以市场客户需求为导向，在为客户提供新颖优质产品的过程中实现自身的价值。

为股东创造回报：股东是公司法人财产的所有者，公司充分尊重股东权益，为股东创造回报，履行企业的职责。

为社会创造财富：企业是社会的经济细胞，企业的社会价值在于不断为社会创造财富、推动社会繁荣发展。

（二）企业愿景：以民族自主品牌为支撑，建设创新型企业

气派公司主要产品定位为时尚、实用的摩托车产品，追求产品的质量稳定、舒适轻便、节能时尚，销售区域主要立足江门，辐射全国，遍及东南亚、拉丁美洲和非洲各国。

气派公司通过阿米巴管理模式，打造高绩效的管理团队；引入积分制管理模式，员工工作表现通过积分体现，让优秀的员工不吃亏，充分激发员工工作潜能；自发组建QCC（质量管理小组）、技术攻关项目组等，由QCC活动、技术革新等持续不断的技术改造、创新，促使质量的改进和提升，从而提升产品质量与技术水平，并逐步打造品牌影响力和美誉度，努力创建品牌价值。

（三）企业核心价值观：以人为本、尊重人才、知人善任、创新发展

倡导"以人为本、尊重人才、知人善任、创新发展"的核心价值观，扎根于五邑侨乡，致力于将特色气派公司文化与优秀的侨乡文化有机结合。以人为本是企业坚持的价值观。知人善任，即让员工拥有技能提升、培训教育的均等机会，拥有能够充分实现自我价值的职场平台，让员工在企业中获得满足感，提升幸福感。

员工是企业发展的根本，企业与员工共享成果，才能提升员工自身幸福感，才能让企业稳定发展，因此，尊重人才，圆员工的读书梦，成就企业的人才梦，才能实现企业创新发展的目的。

（四）企业精神：和谐企业，产业兴国

"和谐企业，产业兴国"是气派公司的企业精神所在，员工、企业、社会和

谐发展，促使员工稳定、企业稳定。只有让员工分享到企业发展成果，物质生活水平得到提高，工作环境得到改善，精神文化需求得到满足，实现员工安全、健康和全面发展，企业才能和谐发展。

摩托车产业作为传统制造业，面临着产业的转型升级，气派公司一直坚持着自身的创新发展，致力扭转困局，在摩托车业界大洗牌中迎难而上，开发电动摩托车、电动自行车等新型环保的产品，成立摩托车行业首个科技企业孵化器，带动产业发展。

二、企业文化体系的展开与落实

1. 化育员工，让文化落地

气派公司通过多种方式将公司文化传播到公司内部和外部，重视并推动价值观行动纲领的制定，来传递公司使命、愿景和价值观，实现价值观的有效落地，并使之成为员工自觉行为。主要总结为"八个一"。

（1）一个梦：2011 年至 2019 年，气派公司共赞助 50 万元支持广东省青少年发展基金会"圆梦计划"，鼓励了 224 名员工报读"圆梦大学"和"开放大学"，至今已有 177 名员工顺利毕业，其中 35 人获得本科学历，142 人获得大专学历。此外，为激发员工的积极性，公司特制定了学历补贴、学习补贴、学费补贴"三补贴"政策。

（2）一本书：企业至今已举办了三期"我在气派的故事"以及"《弟子规》学后感"共四期的征文、演讲比赛，优秀的作品均已收录并编辑成书供员工阅读学习。目的在于以优秀的企业文化熏陶、影响员工，通过多种形式开展企业文化活动，将企业使命、愿景贯彻到全体员工，并影响相关方，落实核心价值观。

（3）一棵树：每年 3·12 植树节，都是气派植树活动，员工通过在企业内捐树、种树、认养树等方式参与活动，在自己的树木上挂上自己的标语挂牌，同时还派人参加开发区、政府组织的植树活动。

（4）一个会：每个月为员工举办生日会，当月生日的员工齐聚一堂，邀请公司高管参加生日派对，有火锅、烤肉、西餐等，餐饮丰富多样。领导与员工共聚，沟通交流、促进了解。

（5）一堂课：每年由各部门制订下一年度的培训计划，邀请公司领导、外聘专家、供应商、政府职能部门专业人员等，为企业员工进行专业技术培训、消防培训、急救培训、法治培训等，力求让员工对内按章操作、提升技能，对外遵纪守法、防患救人，教育员工做一个好员工、好公民。

（6）一个报：弘扬党和国家的时政策略，结合公司发展战略，员工自行加工属于自己企业文化的宣传栏和黑板报，由员工组成评委评选，评比获得前三名的员工获得奖励。

（7）一封信：每月按部门、班组人数7%的比例评选优秀员工，由公司向优秀员工家里寄去一封感谢信、一张工作照，并给予优秀员工家庭100元的慰问金。

（8）一场活动：为了给员工提供一个充分展示自我的舞台，公司根据四时变化以及节假日，举办各类文体活动，以丰富员工生活。每个月度根据员工需要组织一场文体娱乐活动，例如，三八妇女节、六一儿童节、国庆、元旦等重要节日活动、演讲、技能大比武、团体健身运动等，为员工搭建展示自己的舞台。

2. 向合作伙伴、顾客和其他利益相关者的展开与落实

高层领导采用多种方式向合作伙伴、顾客和其他利益相关者传播公司的愿景和价值观：一是通过经销商会、股东会等向客户、经销商、股东传递公司经营状况、愿景、价值理念；二是通过专业论坛、展会、定期的客户沟通拜访、客户满意度调查、经销商会、年度供应商大会等，向投资者、顾客、合作伙伴和其他利益相关者传递公司企业文化、经营管理理念；三是通过报纸、电视等媒体以及公司网站、微信公众平台向社会大众宣传弘扬公司文化；四是公开高层领导的联系方式，设立董事长/总经理信箱，随时接受员工、供应商、合作伙伴、社会大众的投诉、监督、表扬。

3. 领导率先践行价值观

在公司内部，公司领导高度重视企业文化建设，收集各单位、部门的行政、人事、财务、技术、质量、安全等方面的管理制度，成立工作小组重新整理修订，并汇编成册印刷，建立统一化、制度化、标准化的《管理标准汇编》，形成公司、员工的规范化准则基础。由公司领导带头组织员工学习，让公司的企业文化和规章制度真正结合落地，形成有效的管理机制，落实责任，明确分工，齐抓共管。

气派公司积极搭建企业文化环境建设，在公司的办公楼、车间、食堂等处设立企业文化宣传栏、黑板报，以国家、公司的时政、策略为依据，大力宣传企业文化理念，宣传企业文化活动、优秀典范等，通过典型案例传递正能量，营造良好的文化氛围。通过开展新员工入职培训、行业知识竞赛、专业技术专项培训、

企业文化动员会等形式，如岗位技能比武和圆梦计划、开放大学报读，制定一系列相应的鼓励政策，在增强员工学术和专业水平的同时，不断提升员工对企业文化的认同度，进一步增强了企业凝聚力和向心力。

三、成效

在积极构建、完善、推行公司文化体系的同时，高层领导以身作则、率先垂范，全体职工身体力行，确保企业文化得以落地生根，把公司的价值观作为自身行为的准则，遵守公司制度要求、行为规范，并接受来自公司内外部的监督，身体力行地推动公司的企业文化建设，为广大员工树立知行合一的榜样，为稳定员工队伍、构建和谐企业发挥重要作用。气派公司董事长谭镜池于2013年荣获"广东省就业创业优秀个人"和江门市"十佳创业人物"称号。在谭镜池的带领下，全体领导干部上下一心，齐心协力，截至2020年末，工作满5年获得忠诚奖的员工占公司全体员工总数的60%以上，工作满10年员工占全体员工总数的40%左右，远高于同行业平均数。

第六章

邑商企业的市场营销管理

邑商之所以能够长期屹立不倒，与所应用的经营手段、经营思想、经营模式等有很大关系。在现代化的今天，我们在市场营销领域应当注重借鉴邑商营销艺术，利用邑商数百年的经营经验，并归纳总结新邑商的市场营销管理方法，促进市场营销领域更好地发展。本章就邑商营销艺术、当今市场营销的特点和现状进行分析，探讨新老邑商专业精神与营销艺术在当今市场营销领域的应用。

第一节　早期的邑商商业广告

与近代商业的繁荣和竞争相伴的是商业广告的发展。进入 20 世纪之后，随着江门五邑侨乡报纸杂志的发展，该地区的商业广告大量出现，其类别包括金融、医药、住宿、航运、文化娱乐、粮油、服装、餐饮等。总体而言，五邑地区商业广告中的商品和服务主要属于生存资料层次，目的是满足华侨和侨乡民众的生活、健康、繁衍后代、出外谋生等基本的生存性需要，部分属于发展资料层次。这里只介绍其中具有代表性的几类广告。

一、金融业广告——以银信广告为例

江门五邑地区、潮汕地区和梅州地区是广东三大著名侨乡。民国时期，这三个地区侨汇数量均十分庞大。和潮汕、梅州地区比较，五邑地区侨刊众多。在当时形形色色的侨刊中，登载了不少吸引五邑华侨"银信"业务的广告。"银信"在潮汕地区多被称为"侨批"，两者本质上一致，都是侨汇和家信的结合体，是

海外华侨与家乡亲人之间物质与精神联系的重要载体。由于各地区华侨侨居地、历史传统等因素的不同，银信与侨批在流通方式等外在形式上有较大差异。透过五邑侨刊中的银信广告，可以观察民国时期五邑地区乃至广府地区侨汇流通的主要方式和特点。

民国时期江门五邑地区众多侨刊的产生，与本地区海外华侨众多有直接的关系。这些报刊"绝大部分记载纯粹的当地消息，并以小册子形式每十天发行一次，各报刊销售量约 5 000 份"。近 80% 的报刊是寄给居住在国外的华侨，使他们与其家乡保持联系。不同侨刊发行范围宽窄不一。譬如，《台山工商杂志》在世界各地发行，而《开平华侨月刊》主要在美国、加拿大发行。

正因为侨刊的读者群是远离祖国的华侨，因此，以银信为业的各类金融机构就十分重视侨刊在营造与华侨的信任关系方面的积极作用，纷纷在侨刊登载广告。一些从事银信业的银号或商号，对取得侨刊的代理发行权十分看重。因为代理侨刊发行业务，获取侨胞的信赖，有助于拓展自身的代理外洋银信业务。例如，《台山工商杂志》的金融往来长期由台山县城的大正银号代理，《开平华侨月刊》由开平县赤坎镇的绍昌银号代理。

从现代市场营销学的观点来看，侨刊是银号推送银信业务的主要营销渠道，双方是共存共荣、互利互惠的关系。因此，银号致力于扩大侨刊的发行量与影响力。如绍昌银号老板在推介《开平华侨月刊》的"告白"中说：

> 本人在开平创设绍昌银号，本其忠诚之旨，经营找换汇兑，金器首饰，接理书信，历蒙我族人委托赐顾，不胜铭感。兹欲为我族人告者，《开平华侨月刊》，为邑中热心人士所创办，一本服务之旨，为我侨胞报导家乡正确消息，且专替华侨讲话，为邑中最翔实、最敢言、最精彩、最丰富之月报，对于家乡大事，可一览无遗。而邻县情形，以及省港动态，亦详为记载。诸君欲详知家乡情形，不可不看。①

最后，让我们领略一下 20 世纪 30 年代的银信广告吧！这是一则由"共信公司"在《新会沙堆侨安月报》推出的银信广告：

---

① 方兆渠敬告旅外族侨——介绍定阅开平华侨月刊 [J]. 开平华侨月刊, 1947, 1（7-8）: 30.

本公司专接理外洋书信银两经有多年，纸水照时价补足，每百纸扣带工银二元，且送信交银更为敏捷，久蒙我侨胞嘉许，倘有遗失，如数赔偿。如蒙惠顾，请照上列门牌，交邮寄来，无任欢迎。①

二、医药业广告

医药类广告在侨刊和报纸中都极为常见，主要包括居家药物、儿童药物、外科药物广告等。如 1929 年的一期《台山民报》的"副刊二"一版中的广告全是医药广告，共有 4 则，其中一种药物的售卖总店在广州，另三种在上海。如"韦廉士医生红色补丸"广告有 300 多字，密密麻麻，讲述体弱的病人服用该药后，即"咳嗽尽除，诸症悉退，现在动作办事且非他人所能及也"，宣称此药"为天下驰名补血补脑圣药"。广告的两幅配图中，其中一幅是病人服药前备受疾病困扰和服药后精神抖擞的情形对比，另一幅图是一个冒充的药瓶和此药真正的商标。再如，"如意膏"广告讲述两个病人搽用此药后得以"返我本来面目"的良好结局，广告图画是一个身着中式袍褂、脸上长满疮疹的男性对着镜子涂抹膏药。与报纸有所不同，侨刊所登载的医药广告的代理点有不少在国外，如在《新宁杂志》刊登多期广告的"唐尧龄疗肺圣药"的总代理便在旧金山大埠。

三、旅店航运业广告

对在出行方面有极大需求的海内外江门五邑民众而言，旅店航运业是必不可少的。他们需要知道来往侨乡与外地的客轮船期。在经济许可的情况下，他们也会选择更舒适的客船、更便捷的航线、更优惠而洁净的旅馆。因而，在侨刊和报纸上，会有很多关于旅店航运信息的广告。在侨刊上刊登广告的一般为香港轮船公司，其船只的目的地一般为江门五邑华侨的主要移居地——美洲。这在《新宁杂志》上最为常见。而在报纸上刊登广告的轮船，一般只往来于江门五邑地区与港澳或广州。如 1946 年的一期《大同日报》有一版最下侧的 4 条广告全是航运广告，由不同的船务公司发出，船只往来于三埠和广州、香港或澳门之间。② 侨刊和报纸目标受众的差异，直接决定了两者航运广告内容的差别：前者受众主要是往来于外国与侨乡的华侨，他们需要搭乘轮船远渡重洋，直至目的地；后者受

---

① 新会沙堆侨安月报，1933（75）.
② 新联和渡，联商大渡，广庆轮船，新合和渡［N］. 大同日报，1946 - 04 - 20（4）.

众主要是往返侨乡与省城或港澳的民众。当然，这并不意味着后者不包括华侨，五邑华侨出洋或从外洋返家，一般需要在香港中转，因此他们也需要香港与侨乡之间的航运信息。

四、文化娱乐业广告

文化娱乐业广告在侨刊和报纸上也很常见，而且两者的差异同样明显。侨刊会有一些关于英语辞书或西方技术的教科书或印务公司的广告，因为华侨有学习侨居国的语言和技术之需。报纸上常见的则是戏院的广告。每有新片上映或新的戏剧演出，戏院便在报纸上将影片或戏剧的名字、主演和内容广而告之，做足噱头，如光声戏院称其所放映的某影片被"世界舆论一致推荐为最成功战争名片"。[①] 此类广告在侨刊中是绝对见不到的，因为戏院只供戏院所在地的民众消费，戏院广告对远隔重洋的华侨是无实际效用的，加之日报的时效性，使其成为快速更新放映或表演内容的戏院刊登广告的最佳选择。而广告内容兼有美国影片和粤剧剧团的演出，也显示了当时侨乡民众现代与传统相结合的娱乐文化需求。

江门五邑地区早年的商业广告，就如矗立在侨乡土地上的碉楼，既呈现"国际化"的一面——商品、货币在海外与侨乡之间流通，国际航线兴盛，西式的服装和饮食受到侨乡民众青睐；也呈现非常"乡土化"的一面——国际汇款民间传输渠道在旧式商业汇款方式的基础上建立并普及，普通民众基于中华的宗族文化而形成对多育子嗣的医药需求，在接受外来文化的同时延续着对传统娱乐方式的喜爱。

五邑侨乡海内外商业的发展带动该地区商业广告的发展与成熟。在江门五邑侨刊和报纸上刊登商业广告的主体是小资本、小规模的商户，这与五邑商人群体的结构是一致的。不过，由于侨乡与海外华侨的密切联系，侨乡的报纸和侨刊也会受到经营出口贸易的外地商户的青睐。因而，五邑侨乡早期的商业广告其实也为探索近代中国商品输出情形提供了一个研究窗口。

---

① 光声戏院 [N]. 凯旋日报，1947 – 12 – 06（3）.

第二节 现代邑商的品牌建设战略

品牌竞争是现代商业竞争的至高层次，不少现代邑商成为品牌打造法则的践行者和受益者，他们具备以下特点：一是在于敢为人先。只有早，才能省时省力、开辟"蓝海"；只有早，才能让消费者记忆深刻。二是集群发展。只有聚，才能集约；只有聚，才能形成合力、互励；只有聚，才能取势。天时、地利相同，成败必在人和，人和的关键在于人心。抢占品牌建设先机的胆气是邑商"敢为天下先"精神的彰显。

一、嘉宝莉：多维度的企业品牌建设

一个企业的品牌价值，从评测维度来看，需要考量企业规模、经营稳健、盈利能力、卓越品质、品牌建设、社会责任等多个方面指标，从而综合评判企业经营实力与行业地位。其中最直观、最能体现品牌价值的维度，当然是企业连续多年的发展业绩。

2021 年 6 月，由世界品牌实验室（World Brand Lab）主办的第十八届世界品牌大会在北京成功召开。2021 年度"中国 500 最具价值品牌"榜单正式揭晓。在这份基于品牌强度、消费者行为分析等方面的年度报告中，嘉宝莉品牌价值从2020 年的 258.92 亿元上升到 2021 年的 273.61 亿元，增幅 5.7%。

"中国 500 最具价值品牌"榜单从 2004 年开始已连续发布 18 年，是目前中国品牌研究领域最具权威性、最具影响力的奖项之一。在首届榜单中，嘉宝莉就凭借品牌总价值 5.79 亿元入围，也是唯一入围的涂料品牌。从 2004 年的 5.79亿元到 2021 年的 273.61 亿元，17 年时间里，嘉宝莉品牌价值增长了 4 626%，稳定的增长，持续的提升，足见嘉宝莉强劲的品牌实力。

（一）过硬的产品质量建设

独木难成林，品牌价值不是单一指标的考验，而是有机体的综合考量，其中最根本就是产品质量。作为涂料行业的老兵，嘉宝莉用始终如一的好品质，塑造了良好的市场口碑。多年积淀的深厚底蕴，铸就了嘉宝莉品牌的硬实力。一直以来，嘉宝莉始终坚持"质量立市、诚信为本"的经营理念。其在行业内形成了集研发、生产、销售及施工服务于一体的全产业链发展模式，还进行了严格的品

质管控，同时还构建了完善的产品防伪体系，通过多维度、多方面、多层次的保障，全面加强涂料产品安全管控，让"绿色健康高品质"的嘉宝莉走进千家万户。

为了实现对环境的有效保护，嘉宝莉投入了大量的人力、物力在水性涂料的研发和生产上。公司花费七年时间，建成了具有国内领先水平、亚洲规模庞大的万吨级水性木器漆全自动化生产线，全力推进"绿色涂装"。如今，嘉宝莉已有137个产品被认定为"绿色设计产品"，并获得"国家级绿色工厂"荣誉称号。

（二）扁平化、高质量的销售渠道建设

嘉宝莉的经营模式是通过向用户提供全程服务获得口碑和忠诚度的，通过扁平化的渠道使经销网络尽可能覆盖全国，以方便为消费者提供就近服务，同时降低中间批发环节的费用，让利于更多的消费者。

嘉宝莉在渠道扁平化方面做得非常好。目前，嘉宝莉的全国销售网点超过16 000个，基本上做到了每个县级市都有自己的总经销商，每个县都有自己的专卖店或专卖柜。在温州等地方，嘉宝莉甚至做到了每个镇都有自己的专卖店。密集的营销网络带动了嘉宝莉近年来总体销量的持续大幅攀升，推动嘉宝莉成功跻身涂料行业第一集团军行列。

在渠道扁平化的同时，嘉宝莉更注重渠道质量的建设。这主要体现在多年来嘉宝莉坚持集中资源，只做"嘉宝莉"一个品牌。有些企业是多品牌齐放方为春，嘉宝莉却一枝独秀成大器。现在，嘉宝莉在绝大多数城市的涂料市场都保持着相当的领先优势。随着经销商数量的增多，今后，嘉宝莉销售工作的重点是帮助经销商做大做强，争取打造一大批几千万元级的大客户，嘉宝莉的销量和品牌价值还将进一步提升。

（三）诚信的品牌形象建设

同一般企业相比，嘉宝莉更注重通过完美的机制设计来充分调动合作伙伴及公司内部各系统、各部门、各员工的积极性。嘉宝莉不仅拥有一支卓越的市场营销团队，而且通过部门与部门、区域与区域之间的良性竞争，各项工作出现了齐头并进的良好态势，并且把这个模式扩大到所有的商业合作伙伴之中，建立起最有效的本地化营销模式。

多年来，嘉宝莉正在通过相对周密和完善的机制设计解决企业的薪酬配置、人力资源、销售网络、激励机制、生产流程、质量控制、技术创新等问题，将以

往的种种博弈通过良好的机制设计理顺关系，使人尽其才，物尽其用，让所有与嘉宝莉相关联的人和企业和谐成长。

如今，嘉宝莉的诚信品牌形象在行业内有口皆碑。在品牌建设方面，嘉宝莉一直恪守诚信的原则，注重诚信形象的建设，言必行，行必果，无论是对普通消费者、对战略合作伙伴，还是对供应商、对员工、对社会，只要是承诺了的事情，嘉宝莉都会不惜一切代价去执行落实到位。在嘉宝莉，很多经销商、员工都是和嘉宝莉一同成长起来的，合作和服务时间超过 10 年的比比皆是。无论风雨曲折，他们都始终是嘉宝莉持续健康发展的中坚力量。诚信已成为嘉宝莉的品牌名片，成为嘉宝莉品牌价值飙升的助推器。

（四）高度的社会责任感：赢得知名度与美誉度

由于涂料直接关乎公众健康，因此涂料企业对社会责任的重视与否，同样被列入企业综合实力评价的维度清单。竭力承担社会责任的品牌不仅能实现品牌的价值积淀，赢得良好的社会信誉、增值品牌价值，而且会获得更多的市场认可，赢得更多的发展机会。

嘉宝莉把承担社会责任视为崇高使命，在捐资助学、抗震救灾、扶贫济弱、抗击疫情、公益活动等方面，积极参与并主动承担相关责任与义务。新冠肺炎疫情期间，尽管受到市场大环境影响，嘉宝莉仍展现出与国人共抗疫情的强大决心和实力，用高效的运营能力，保障了产品从原料、生产到物流，再到销售终端整条供应链的通畅，在确保了市场供应的同时，还为抗疫一线的医护人员捐赠了防疫物资。其在特殊时期彰显出企业的社会责任与担当，不仅为用户的绿色健康提供了重要保障，还为品牌力再加分。

品牌，不仅是企业在消费者心目中的固化商标，更是企业对消费者的由衷承诺。多年的品牌价值增长，是嘉宝莉作为一家民族涂料企业不断成长蜕变的过程，也是消费者不断认可与信赖的转化。未来，在嘉宝莉对品质的坚守以及产品与服务的不断创新下，企业的成长蜕变之路将会愈发宽阔，为其打造中国涂料强国品牌以及品牌价值的持续增长态势奠定坚实的基础。

二、量子生物的品牌定位战略及其实施

（一）品牌定位战略的导入

21 世纪伊始，量子生物（微生态营养事业）率先把益生元概念引入中国市场，致力于为国人带来微生态健康。为引领益生元产业在中国的持续发展，成为

全球微生态领域的领军企业，基于企业的战略目标，量子生物率先系统化引入品牌定位理论。作为指导企业品牌化经营的方针，量子生物管理层与外部服务团队在回顾总结企业的历史发展经验，结合外部竞争环境的变化后，将"全球微生态健康产业领导者"确立为公司的品牌定位。

（二）品牌定位战略的实施

围绕"全球微生态健康产业领导者"品牌战略的落地实施，公司针对商标管理、技术研发、应用研发、生产销售、市场推广环节，积极组织资源，给予相应的配称支持。

1. 商标管理方面

量子生物一直以战略性的前瞻思维指导商标专利工作。截至目前，企业已取得境内外商标共 228 件，以中国驰名商标"量子高科"为焦点、广东省著名商标"欧力多"以及其他有效注册商标（高斯恩、阿力果……）为多品牌的模式打造品牌矩阵。企业通过提高全员的商标意识，建立健全企业商标管理机制，并以此强化商标的广告宣传工作，让品牌更好地植入客户心智，积累良好的品牌资产。

2. 技术研发环节

量子生物先后推动中国益生元的文字标准和实物标准制定，2015 年在全球首发低聚果糖六组分国家标准样品，经国家质量监督检验检疫总局审核批准，具有权威性与唯一性，填补了长期以来的行业空白。与此同时，公司也在逐步聚焦精准营养，并致力于为公众提供精准化、个性化的健康管理方案，例如，已启动的精准营养开启生命初期健康管理项目（糖妈妈计划），项目搜集中国母乳大样本进行研究，从而构建母乳低聚糖的大数据库，并最终为婴幼儿生命初期 1 000 天的健康管理提供科学指导意见。

3. 应用研发方面

围绕市场健康产品的发展趋势与消费升级，量子生物在技术储备、商业应用的可行性上努力，近年相继推出了益生菌专用益生元产品（添活益™系列）以及益生元原料有机化向终端产品化的导入计划，与此同时，针对传统健康原料与益生元相结合的再创新，获得客户的高度认可和赞誉。

4. 生产销售方面

首创国际领先的固定化酶专利技术，可重复利用达数百次，真正做到了绿色环保，该项创新发明在 2016 年获得国家专利优秀奖。量子生物是国内首家能同时生产低聚果糖（FOS）、低聚半乳糖（GOS）的企业，打破了中国婴幼儿配方食品长期依赖国外低聚果糖的局面。其核心产品欧力多® 低聚果糖市场占有率达到 50% 以上，高斯恩® 低聚半乳糖也有 40% 的市场份额，应用领域覆盖保健食品、乳制品、婴幼儿配方食品、饮料、烘焙食品等。在检测管理方面，系统化的分工与专业化的流程设置可以良好地对检测品质形成严谨的把控作用，其检测对标国际一线婴幼儿配方奶粉检验标准。

5. 市场推广环节

量子生物通过对品牌传播基础要素的统一规划，进行整合营销传播，以技术领先的传播诉求为核心，逐步通过行业展会、传统媒体、新媒体的广告投放、论坛交流、提案营销等方式强化认知。长期以来量子生物品牌备受业界肯定，2013年获评福布斯亚洲中小上市企业 200 强，2015 年成为当年唯一获得欧洲国际质量管理金奖的中国企业，2016 年因产品与技术创新，获得荣格的首肯，获得了"2016 食品饮料工业——荣格技术创新奖"与"荣格年度创新团队奖"，另外，还获得了亚洲品牌盛典所颁发的"2016 中国上市公司创新品牌 100 强"荣誉称号。

三、东古公司的品牌体系建设

东古公司由酱油作坊发展到现代化公司，重新定位品牌形象"传世调味，百年东古"，涵括了公司的历史沿革、产品、品牌名称、发展目标等内容。同时，针对东古酱油特有的鲜味，公司设计了宣传口号"美味，我们抢鲜一步"，朗朗上口，直接向消费者传递了产品的特色信息和品牌理念。

（一）公司品牌概况

东古公司产品共分七大系列 90 种，历经百年发展，公司品牌和产品获得了近 200 项的荣誉，一品鲜酱油、蚝油、腐乳、野山椒等产品多次被认定为"广东省名牌产品""高新技术产品"，商标被认定为"中国驰名商标""广东省著名商标"。2006 年公司获得国家商务部首批"中华老字号"企业的荣誉称号，2009年"酱料（东古）"被认定为广东省食品文化遗产。2012 年东古牌系列酱料制作技艺被广东省人民政府确定为省级非物质文化遗产。2017 年公司通过国家高新技术企业认定。

随着调味品行业细分以及潮流，调味品行业呈多元化方向发展；人们生活水平的不断提高，对调味品的方便化、营养化、健康化会有更大的需求；调味品品类不断丰富，从酱油、蚝油等口味大众化品种向食醋、酱类等差异性较大的品种逐步延伸。同时，调味品行业是一个完全竞争行业，目前国内市场上有数千家企业生产的各类调味品，竞争十分激烈。

（二）打造品牌建设体系

东古公司的品牌体系包括企业、产品、人员和符号这四个要素，高层领导重视这四个要素的综合建设，确保品牌战略与公司战略协调一致。

1. 企业层面——管理和资源能力

公司于 2006 年被国家商务部认定为"中华老字号"，2017 年公司被认定为"国家高新技术企业"，并连续 27 年被评为"广东省守合同重信用企业"，这些对于提升企业市场形象、增强企业竞争实力以及提高顾客对东古品牌的信任度，具有非常重要的意义。

2. 产品层面——产品及服务质量

产品：提供健康、美味、放心、高性价比的调味品。

服务：提供完善的售前、售中、售后服务。

3. 人员层面——人力资源规模及质量

公司拥有立足古劳、辐射全国的销售和服务团队。

4. 符号层面——商标、广告、包装以及活动策划等

注重商标的注册、荣誉和专利的申报，获得"中国驰名商标""广东省名牌产品"等荣誉称号。每年参加行业展会；加强经销商支持，如各类培训、门店策划、邀请参展、资金扶持；投放媒体广告，包括杂志报纸、网站视频、电视、新媒体等的专题报道和形象宣传。

（三）多角度宣传打造品牌，提高顾客的感知

公司推行多角度、多元化的品牌宣传模式，通过电视、户外广告、展会、重大活动赞助等渠道打造品牌，提高顾客对品牌的感知和对公司的认可，同时也积极尝试互联网、微信公众号、移动端等新颖的传播方式，贴近更多层次的消费人群，持续推动品牌影响力的提升以吸引更广泛的顾客群体。

为了扩大东古品牌的全国影响力，公司选择与中央电视台达成战略合作，覆盖 CCTV-8 早间、晚间两大剧场，利用国家级媒体的广泛触达率，使百年东古品牌形象深入人心。此外，东古以特约合作伙伴的身份与时尚美食节目《悦美食》携手打造深夜食堂，汇聚时尚明星、顶级名厨和美食达人，用"时尚"方式深化东古品牌的知名度和美誉度。

（四）多种方式的投诉渠道

公司通过消费者热线、官网、自媒体平台、信函传真、经销商等，实现多途径接收顾客投诉信息；同时建立了完善的顾客投诉管理程序，确保顾客的投诉能有效、及时得到解决。对于顾客的有效抱怨诉求，公司将严格按照顾客投诉受理相关规定及流程进行事件分级、调查和责任追究，并由专门部门督促投诉受理的时效及改进，改进完成后，及时向顾客反馈整改情况，并通过拜访或电话回访等方法，恢复顾客满意度，提升顾客对公司的信任度。

通过多年的努力，东古公司品牌策略取得显著效果。根据 Chnbrand 中国品牌力指数 SM（C－BPI®），东古酱油品牌连续三年（2018—2020 年）位于同行业前十。

第三节 邑商企业的营销策略

在长期的市场营销实践中，邑商企业根据各自的行业特征、产品特性，采取了多种多样的营销策略。

一、维达集团的韧性营销

"韧"字看似简单，所蕴含的内涵层次却极为丰富。它既高度概括了维达品牌作为高品质生活用纸的产品特色，又反映了维达品牌所倡导的韧性亲子关系。企业除了有市场竞争力的超韧产品，还要打造维达品牌"韧性"的坚实内核，并将其转化为令消费者普遍接受的精神内核。

维达品牌的韧性营销以消费者为中心，通过大数据、亲子营销等策略的实施，以及"纸巾婚纱"这种有话题性的跨界营销，以"超韧中国行"为交互平台，最大化沉淀"韧"的品牌资产，持续向消费者输出维达品牌"超韧"的产品优势和品牌理念，提高消费者对品牌的好感度和美誉度。

维达集团近年来不俗的销售成绩，得益于战略和战术上的布局。在战略上，维达品牌的整体营销布局为：强化巩固线下渠道，创新发展电商渠道。在战术上，重要的突破和亮点是与众多平台一起打造的内容电商。双方资源以创意内容激发聚拢更多站外流量，平台也提供最强站内资源，实现流量和销量共赢，品效合一。

例如，2016年6月，维达品牌携手京东举办了首个纸品科技发布会；同年7月，维达品牌跨界时尚，与天猫超市联合举办超韧纸巾婚纱时尚盛典；10月，维达品牌融合京东大数据，共同发布了《2016国民家庭亲子关系报告》，覆盖千万家庭，让优质内容真正推动电商营销。

对维达品牌来说，最有效的营销平台，是已经连续举办了九季的维达"超韧中国行"。2016年，维达"超韧中国行"（第四季）成功地把自身从广为人知的品牌活动，打造成覆盖3 000万中国家庭的超级IP集合群，多维立体地把品牌、内容、产品、渠道和消费者等多方面，融入"中国行"这一超级IP，打造出"超韧中国行"生态圈，让多方互通互融、互惠互利，从而更高效地输出维达品牌自身品质"韧性"的理念和优势，提升消费者的好感度。

未来，维达品牌的营销重点，将以深化目标人群的沟通互动为导向，将"韧"的沟通持续形象化、深度化，加强产品体验。同时，线上线下渠道攻守兼备，线下稳中求胜，线上猛进发力。

当然，今后企业营销工作也面临着很多挑战。例如，目标消费者正在发生变化，很多85后、90后已为人父母，他们爱新鲜、好品质、乐社交，如何与他们进行有效沟通，并获得他们的喜爱，对维达以及其他品牌来说，既是挑战，也是机遇。

二、科恒实业的专家式营销

所谓"知己知彼，百战不殆"。科恒实业董事长万国江认为，作为公司销售人员必须要充分了解自己的产品，才能听得懂客户语言。而作为研发人员，不能闭门造车，做不切实际的研发，必须深入终端市场，了解市场真正需求，才能指导研发的方向。这就需要销售人员具备一定的技术背景，而研发人员要融入市场。

因此，万国江推行具有科恒实业特色的"专家式营销"模式。其重点在于让研发技术人员参与产品的销售过程中，配合销售人员进行产品技术的宣传和推广，对于客户的疑问和产品使用问题及时反馈，并迅速做出回应，进行产品路线及性能的调整。这样的"内行式"营销方式，使公司的产品更接地气，更具市场竞争力。

第四节 现代邑商的客户关系管理

客户关系管理体系的产生，是基于发现和识别企业中潜在的最有价值的客户，并进行针对性管理，从而将企业有限的资源发挥最大作用。企业中大部分利益是由比较小的一部分顾客带来的，就是人们常说的"二八原则"，这一小部分顾客是有限的，但他们会给产品带来巨大的销量，而如何准确快速地找到这一小部分顾客则是每个企业都应该思考和研究的问题。只有对顾客进行客观、科学的研究和分析，才能准确把握住这些顾客真正的需求，以至于更准确地找到这一小部分能为公司带来巨大收益的人群，企业才能正确地将手上有限的资源用在这一小部分客户身上。这就是对客户价值的客户关系管理进行研究的重要意义。

一、博盈公司的客户关系管理

（一）分类管理，重点维护

战略合作伙伴和重点顾客是公司收入的主要保障。为提高服务质量，促进共赢，该公司按照顾客分类标准及 ABC 分类法原则将顾客分为以下三类，并实施分类维护管理：

战略合作伙伴（A 类）：占用户数 10%。

重点顾客（B 类）：占用户数 60%。

一般顾客（C 类）：占用户数 30%。

1. 战略合作伙伴和重点顾客

（1）设置专职服务岗位。通过完善的售前、售中、售后全过程服务体系，特别是强化技术服务，满足并超越顾客期望，巩固顾客关系。

（2）公司根据战略合作伙伴和重点顾客的需求，为其培训员工，提供现场技术指导，满足其个性化技术需求。

（3）公司定期邀请战略合作伙伴和重点顾客代表举行专题讲座，搭建市场与生产的桥梁。通过面对面的沟通，直接将顾客对产品和服务的需求和期望传达到公司内部，贯穿到整个生产制造过程中。

（4）针对战略合作伙伴和重点顾客的需求，制定了有针对性的价格政策。如接受其承兑汇票付款、根据客户需求灵活调整付款周期等。

2. 一般顾客

除战略合作伙伴和重点顾客外，公司对于一般顾客的需求都尽最大努力满足。

（二）与重要顾客建立战略联盟

公司与顾客建立关系的一项重要措施就是与重要顾客建立战略联盟。重点考虑产业链、行业发展前景、产品质量、技术关联性、成本、企业信誉、资金情况、地理位置等因素以及双方实施战略合作的相互支持作用，在共同目标、合作方式、供货资源、交货期等方面与重要顾客建立战略合作联盟，为战略合作伙伴提供最优惠的价格政策和商务条件、最快捷的质量与技术服务。

广东博盈特焊技术股份有限公司（简称"博盈公司"）与中国光大国际有限公司（简称"光大国际"）的战略联盟是经典案例之一。光大国际是中国环保行业的领军企业，亚洲最大的垃圾发电投资商和运营商。为了与该公司建立长期稳定的合作关系，博盈公司进行了周密的营销策划，在环保项目投资、工程建设、项目运营、技术研发和设备制造一体化等方面进行深入了解及交流。其与光大国际共同参与了广东博罗垃圾发电项目二期、江苏江阴垃圾发电项目二期以及山东邹平垃圾发电建设等项目，并且成为光大国际所有堆焊产品的独家服务商。

博盈公司高层领导与光大国际的高层走访频繁，营销、生产、技术人员也联合定期走访，快速响应顾客反馈的信息，满足顾客在技术交货期等方面的特殊要求，并安排专人承担售前、售中、售后全方位的服务。目前光大国际已成为博盈公司重要的战略合作伙伴，双方在信息沟通和合作研发特殊性能堆焊产品方面共同承担风险，共享技术成果，实现了战略共赢。

（三）建立完善的顾客档案

博盈公司建立了顾客电子档案，包括顾客基础资料（企业形式、所在行业、资产、信用状况等）、顾客特征资料（产品品种、规格、销售渠道等）、顾客原材料需求（需求量、品种、规格、质量要求等）。业务人员在每次调研或者和顾客接触之后，都会将顾客信息及时存入顾客档案，并对现有顾客、竞争对手顾客和潜在顾客的信息进行分析，提供给技术研发部门。

对于战略合作伙伴和重点顾客，除了以上信息外，博盈公司还注重收集其决策者、技术主管、采购主管人员的个性化信息，通过聘请他们担任技术顾问等方式，建立深层次的联系和沟通渠道。

博盈公司通过多种方式定期对建立顾客关系的方法进行评价，以适应于公司的战略规划和发展方向。定期进行关键顾客动态分析，根据顾客的意见，随时改进建立顾客关系的方法，通过电话、市场走访等方式，了解顾客对公司产品质量、售后服务等方面的意见和建议，不断完善建立顾客关系的方法。

二、新会中集的客户关系管理

新会中集自成立以来，坚持以顾客为中心，以质量和服务为基础。为了与顾客建立和谐、稳固的经济利益共同体，在公司内部建立了完善的顾客关系管理系统，实现了顾客与公司共同成长的良好局面。

（一）建立良好顾客关系，实现顾客与公司共同成长

新会中集始终坚定以"双赢"为目的，通过战略合作、创新服务方式、加强交流沟通、融入国际等营销策略，不断超越顾客期望，提高顾客忠诚度，使公司产品能获得他们的积极推荐和宣传。

1. 加强与顾客交流沟通，建立良好互动关系

（1）参加各类展会。

新会中集多年来每年都在国内、国际等各大城市参加各种专题及大型展览会3~5场。这些展览进一步展示了新会中集在国际市场上的形象，吸引了很多新的顾客群。

（2）开展人性化服务。

新会中集定期、不定期对顾客以邮件、书信等方式进行问候，或直接拜访客户，邀请顾客来公司参观考察。

（3）开展定制化服务。

根据客户不同情况，在设计与生产制造上满足客户的特别需求。如普通53英尺干货集装箱内只有简单的 E 型轨道。美国 LTL（零担运输）客户常年使用内部装有 A 型轨道的拖车，他们购买集装箱也希望集装箱内部和拖车一样，不影响他们实际操作中的配货。一台集装箱需要安装 72 条 A 型轨道，每条轨道都需要焊接到箱子的侧板上，给设计、生产工艺带来巨大挑战，同时由于侧板厚度只有1.2~1.6毫米，很容易存在侧板烧穿导致漏水的质量风险，客户在设计要求上面不做丝毫让步。新会中集设计团队顶住压力，根据现场生产的反馈不断改进产品设计方案，改进制造工艺，保证产品质量稳定。客户对公司交付的产品表示满意并将其后期订单全部交给新会中集。

（4）客户驻场服务。

"客户至上"是新会中集长期的经营理念。

针对国外的客户，公司餐厅专门设置"西餐专区"以减轻国外客户驻场时饮食方面的不适应。每逢感恩节、圣诞节等国外节假日，只要有国外客户在场，新会中集都会邀请客户一同庆祝，让客户有家的感觉。

现场国内客户，公司品质保证部都会安排专人服务，从工作上的服务延伸到生活中的服务，细致入微，给客户带来极大的方便，深受客户欢迎。

2. 建立完善的售后服务体系，留住客户

在现代市场竞争中，企业的经营已不仅仅是靠提供优质的产品，还需提供优质的服务。企业要了解和服务客户，为客户创造新的价值，才能换取客户长期的信赖。新会中集成立以来，除了技术的不断创新，市场的不断开拓外，还投入大量的人力物力来发展和完善客户服务体系，使客户能体验到无忧的服务。满足并超越客户期望，提高其满意度和忠实度。主要体现在：

（1）及时性：精心地布局和构建密集的服务网络，确保及时地为客户提供专业的技术服务及零配件供应；接到用户服务通知的响应时间为 2 小时内，到达用户现场的时间为 12 ~ 24 小时。

（2）有效性：专家级技术团队，满足客户高质量的服务要求。

（3）终身服务性：定期派人走访服务，进行技术指导和设备使用情况检查；采用定期和不定期的培训方式，向客户讲解国内外最新工艺设备和技术。

（二）建立完善的顾客投诉管理机制

1. 不断完善投诉流程，建立有效的服务体系

新会中集致力于不断完善售后服务管理，快速响应客户的质量投诉，以最快响应速度为客户解决技术、生产质量问题。为了更迅速地响应客户需求，解决客户在设备使用过程中出现的问题，公司结合多年的管理经验，制定了客户投诉处理流程（如图 6 - 1）。

接受客户投诉（索赔）

投诉(索赔)登记 ┈┈┈ 客户投诉登记表

是否需要上报集团 ──Y── 集团客户投诉处理程序

N

各相关部门

分析原因提出措施 ┈┈┈ 客户意见反馈及回复

N

各相关部门

措施的评审 ┈┈┈ 客户意见反馈及回复

Y

总经理批否

Y

客户同意否 ── 与客户协调

Y

实施处理措施

跟踪处理结果 ┈┈┈ 客户意见反馈及回复

客户投诉(索赔)解决否

N

Y

回复客户 ┈┈┈ 客户意见反馈及回复

信息的整理汇总

数据分析程序

客户经理部信息平台

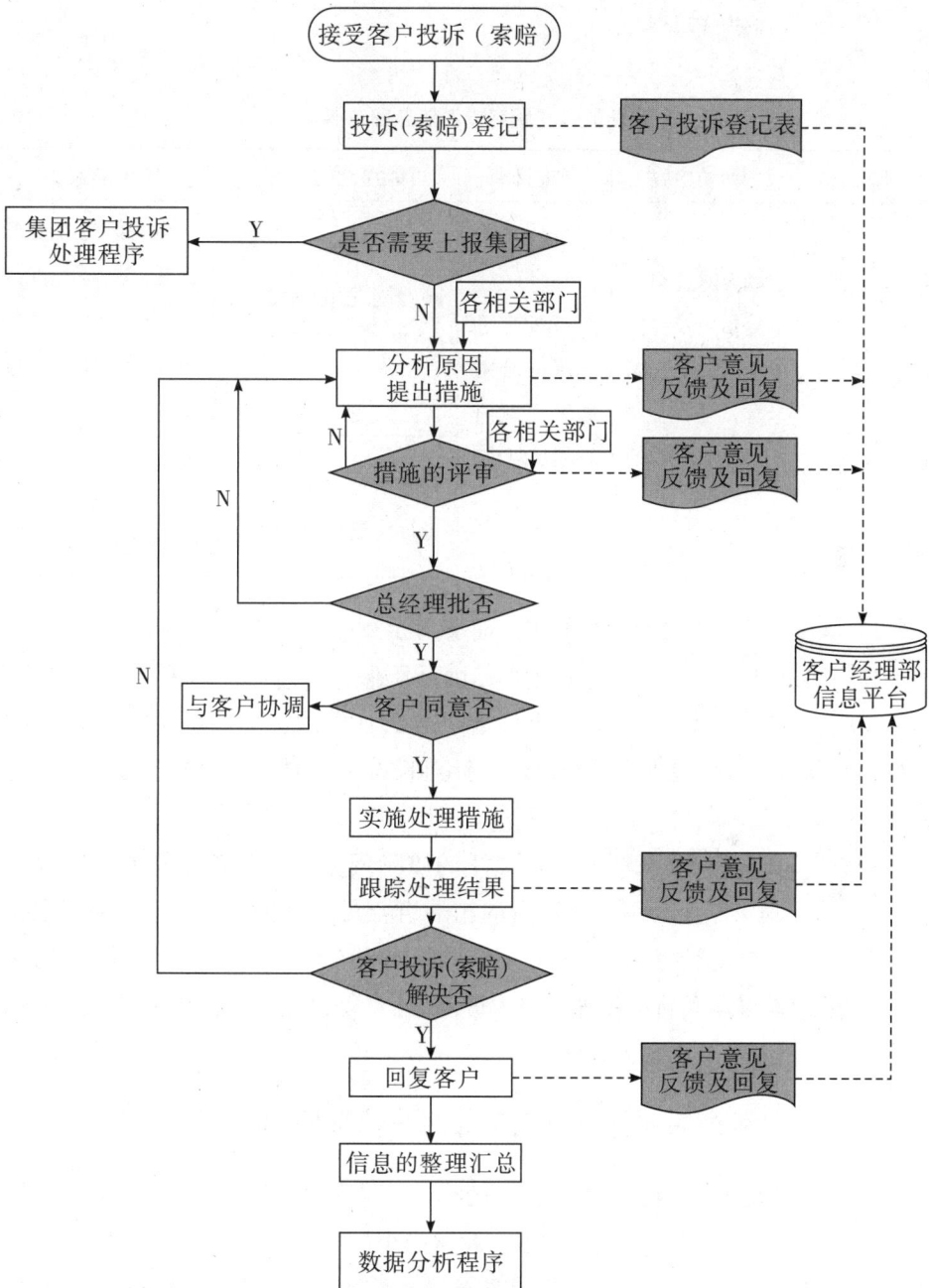

图 6-1　客户投诉处理流程图（产品交付后）

2. 投诉信息的回访要求

表6-1 顾客投诉信息回访要求

回访方式	回访内容	基本标准	可能遇到的问题	解决措施
上门探访、E-mail、电话、会议座谈	顾客对公司回复措施及提供的服务是否满意,是否有效解决存在的问题	投诉处理的结果必须对顾客直接进行回访复核	顾客对公司回复、处理方式非常不满	要求相关部门继续跟进问题,并提出切实可行的改善方案,直到顾客满意公司的问题处理为止
			顾客不对公司回访进行反馈	请求国内外营销及客服人员帮忙联系顾客,直到问题解决

3. 收集、整合和分析投诉信息,将其用于公司的改进

公司通过对客户投诉问题的搜集,由品质保证部门组织相关责任部门运用QCC(质量控制圈)、TBP(丰田问题解决方法)等改善工具和方法,使各种客户投诉问题得到有效处理和系统改善,针对投诉项目对生产现场进行专项改进,从而使生产工艺得到进一步优化。

2017—2019年,公司针对客户关注的质量问题,在生产过程中开展QCC、TBP,完成了对某学生公寓和某酒店的箱端组合角件改善、集装箱商标标准化,以提升产品实物质量,并针对53尺箱铁踏板断钉、53尺箱鹅面板变形以及折叠箱大梁腹板/端梁体间隙不良等客户投诉问题做了大量改善工作,做到以客户满意为己任,不断提升公司的制程能力。

三、广东科杰的内部管理改进与客户信息处理

广东科杰机械自动化有限公司(简称"广东科杰"),位于江门市蓬江区,2004年11月成立,经营范围包括生产经营中小型高速数控机床和高速数控加工中心(三轴以上联动)、PCB数控设备及激光数控机床,机床配件,机床附件,工业机械人,LED封装设备等。如今该公司是一家拥有800多名专业人才的高新技术企业,已成为中国雕铣机制造的龙头企业。

(一) 信息统计分析

公司通过多种途径获得客户回馈信息后,首先将信息进行分类,然后按信息

类别进行处理。

第一，通过维修原因、维修频率分析统计，能反映出公司在生产过程中技术和制造环节容易出现的问题。

第二，通过客户使用情况分析统计，能反映出公司在结构设计、软件开发中的问题。

第三，通过顾客对比竞争对手产品的使用情况，能反映出公司在设计、开发、制造中尚需提升的细节。

第四，通过顾客反映竞争对手新产品（公司没有）的使用情况和意见，能指导公司新产品开发的思路。

第五，通过顾客对公司安装指导、售后维修等服务方面的意见，可以发现公司在服务方面尚需改善的问题。

公司将以上行为作为日常性的工作，有意识地与客户沟通，定期和不定期地进行市场信息收集、统计与分析。

（二）应急处置与预防处理

收集到客户通过各种渠道反馈的信息后，公司即分派到对应的部门进行紧急处理。

第一，收到售后反馈，首先以最快的速度到达客户现场，进行故障诊断，继而给出维修方案。然后通过故障问题的统计分析，发现公司在开发、设计、制造等环节中存在的问题，必要时召开问题检讨会议，对存在的问题根源提出解决对策，并指定改善人和完成时间。

第二，属于服务方面的问题，则马上派人解决客户提出的需求。解决完毕之后，对整个过程进行分析，查找公司在服务中尚存在的制度、流程、人员、配置等方面的问题，确定根本性的解决方案，并指定改善人和完成时间。

第三，后续跟进与内部持续改善：针对以上顾客反馈的所有信息，进行收集、分析、统计、应急处置与预防处理后，公司还需对改善的进度进行跟踪，对改善的情况进行回访。对于未达到预期效果者，再进行持续改进。

第四，不断完善市场信息收集方式：对于市场信息收集的方式方法，特别对于业务人员、售后人员的信息收集技巧，各级管理人员需不断地进行检查、指导与培训。在制度、流程、执行力方面也需不断地检讨与改进。公司每年度都会定期检讨信息收集的方法与处理效果，以达到准确、全面、高效的目标。

（三）完善的客户信息处理责任机制

公司构建了客户查询信息、交易、投诉的沟通渠道，及时解决客户需求。收到客户意见后，组织相关人员，进行上门拜访或电话访问，收集有价值的信息，给出合理的解决方案，再组织责任人进行客户回访，统一汇总客户的意见和建议。站在行业的角度，全面地了解行业现状与发展态势，更能高瞻远瞩地进行战略决策，包括资金、设备、人员、管理、产品研发方向、市场发展方向与策略等各个方面。

第七章

邑商企业的人力资源管理

　　邑商是粤商的重要分支，邑商的成功是多项因素综合作用的结果，其中近代邑商在人力资源管理方面的远见卓识，对江门五邑地区近代工商业蓬勃发展功不可没。邑商在长期的商业经营活动中，逐步建立起一套独特的人力资源管理方面的体制机制。这些机制的实施激发了员工的工作热情，培养了员工以商号为家的忠诚意识，实现了人力资源的合理配置，对邑商的事业发展有极大的推动作用。不仅如此，近代邑商的人力资源管理实践活动对于今天的人力资源管理仍具有一定的借鉴价值。

第一节　近代五邑地区的民办职业教育

　　人力资源管理的一个重要职能就是员工培训。从 19 世纪初到民国时期，五邑地区出现了为数众多的民办职业学校，办学成绩非常突出，推动了当时地方经济和社会的发展，为后来的职业教育发展提供了借鉴。

一、民国时期五邑地区民办职业教育概况

　　据多方统计显示，民国时期江门境内的民办职业学校有27所，其中医学类3所，师范类5所，商学类9所，语言类5所，工学类4所（其中1所有商学专业），农学类1所。全部创办于20世纪后，在20世纪30年代后或50年代后停办。其中有16所创办于20年代至30年代，有8所的办学时间超过10年。

二、民国时期五邑地区民办职业教育兴盛的原因

（一）资金充裕

从清末开始，侨汇源源不断地流入五邑地区，数额巨大。以台山为例，1929年以前，每年的侨汇在千万美元以上，占当年全国侨汇总数的 1/8（全国每年8 100 多万美元）；1930 年猛增至 3 000 万美元左右，约占全国侨汇（9 500 万美元）的 1/3。此后每年都有增加，至 1937 年达到 1.8 亿美元。如此丰厚的侨汇大大改善了侨乡人民的生活，很多家庭将侨汇用于子弟教育，而当时的公办学校数量较为有限，不能满足人们的需求，便促使了五邑地区民办教育的大发展。

与此同时，政府的教育投入也逐年增加，为开办学校提供了资金保障。还是以台山为例，1934 年的教育投入（包括公办学校和民办学校投入）共计806 899 元，为全省之冠，比第二名的中山（732 942 元）和第三名的南海（606 074 元）高出不少。如此大量的资金投入，使五邑地区的学校数量和种类在广东省内名列前茅。

（二）侨眷出国谋生需要

19 世纪中叶以来，五邑地区已形成出国谋生的潮流。经过多年打拼，已有相当部分华侨在国外站稳脚跟，从事餐饮、洗衣、杂货等行业。这些华侨的子弟往往在中国长大，再随父辈到国外谋生。为了更好地在国外生存，华侨子弟已不满足于在学校学习基础性文化知识，而要掌握能与国外生活、父辈生意相衔接的技术技能。为适应这种社会需求，大量的商业类、语言类职业学校便应运而生。

（三）有识之士的推动

五邑地区作为侨乡，很多子弟有机会到发达国家留学。这些国家已形成了较为完备的职业教育体系，为国家培养各种专业人才，促进了各项社会事业发展，这给五邑人留下深刻印象。因此，大批邑籍出国归来人士便着力从事职业教育。梁启超很早就指出："欲富国，必自智其农工商始。"并不遗余力地倡办各种专业学堂。冯平山专门到海外考察教育，回到家乡新会仿效建设职业学校。林卓南、关文清、谭蔚亭、李衮华、谭云峰、黄裁华等都在学成归国后回到家乡办起职业学校，对五邑地区民办职业教育产生了较大影响。

这些人士大都心怀教育志向，一生为教育事业奔劳，为职业教育的繁荣做出了贡献。如林卓南，他所举办的蚕业学校是五邑境内最早的农业职业学校。他还

结合在日本学到的知识，编写了《蚕学新编》《养蚕学》等教材，由当时的新会光明书局发行。

三、民国时期五邑地区民办职业教育特点

（一）数量多，范围广

五邑地区华侨数量巨大，远超其他县市，其开办职业学校的热情也远远高于其他县市。根据各地地方史志的统计，邻近的佛山地区在同期开办民办职业学校7所，中山开办民办职业学校3所，数量远远少于五邑地区。同时，五邑地区的民办职业学校所涉专业范围之广，也是其他县市无法相比的。

除了满足本地社会经济发展需求的师范、医学、农学类职业学校之外，还有大量商学类、语言类、工学类学校，商学类和语言类职业学校占了民办职业学校的半数以上。以开办时间较长的私立裁华职业学校为例，该校开设了财会管理班、测绘班、电讯班、汽车驾驶修理班，已是一所专业比较齐全的职业学校了。

（二）女子职业教育萌芽较早

中国的女子职业教育始于1906年颁布的《通行各省举办实业学堂文》，但直至20世纪10年代末，全国的女子职业教育发展仍相对缓慢；据统计，1919年全国女子职业学校只有22所。相比起全国，五邑地区的女子职业教育显得较为先进。早在1913年，台山就创办公益性质的私立如柏女子师范学校，这是广东县城最早的女子职业学校。至20世纪20年代，五邑地区有专门的民办女子职业学校5所，还有相当部分学校是男女兼收。

五邑地区女子职业教育兴盛的原因在于，当地群众受国外先进教育思想的影响，比较认同男女平权观念。同时，由于当时华侨多在国内娶妻生子，老来叶落归根，留在国内的眷属要与出洋在外的男子通信，就有赖于识字和有文化，这种生活需求也改变着侨乡人的传统观念，使女子职业教育逐渐成为潮流。

（三）办学受华侨因素影响巨大

正如前述，民办职业学校的兴盛与华侨众多有直接原因，当华侨的影响消退后，这些学校也迅速消亡。在抗战前，台城有民办职业学校8所，像广州实用高级会计学校台山分校、私立缉熙补习学校的办学规模都比较大，在1934年前后达到高峰。但在抗战爆发后，特别是在台城沦陷后，国外邮路不通，华侨汇款难以兑现，致使绝大部分五邑人的生活陷入困境，这些学校也随之停办或大幅减少

生源。抗战胜利后，一些民办职业学校得以复办，但日益高涨的物价和纷乱的社会环境影响了办学，在中华人民共和国成立前夕又相继停办。

四、民国时期五邑地区民办职业教育评价

（一）推动了地方经济和各个行业的发展

在五邑境内开办的几所师范学校、医学学校，为地方提供了教育、医疗人才保障，在一定程度上促进了教育、医疗事业发展。像江门觉觉学校，在当时就是非常有名的私立学校，培养了叶汉这样的商业巨子，在该校任教的叶季壮后来还成为政府部长。台山私立中医传授所办学 14 年，每期招收学生 20 人，共计培养了 200 多名医护人才，这些人才大部分留在当地，成为当地医疗事业发展的重要保障。其他类别的职业学校也为侨乡输送了社会建设人才。比如，新会是中国古典家具三大作中"广作"的发源地。据资料显示，19 世纪，在县城大南路，有一条专门生产木器的街，称"板仔行"，产品以木家具、木农具为主，从业人员600 多人，在远近有较大影响力。而冯平山在会城开办木工学校，为地方木器产业输送了必要的人才。

（二）推动了职业教育事业发展

在民国时期，中国的职业教育仍然比较薄弱。据统计，1930 年全国有职业学校仅 272 所，而同期在五邑举办的职业学校则超过 10 所。这些学校的开办，大大改变了地方政府及五邑民众对职业教育的看法，教育的视野不再局限于基础教育，而开始日益重视与"实业救国""实业强国"主题更契合的职业教育。像私立裁华职业学校这样办学规模比较大的学校之所以能长时间办学，正是教育观念转变的直接结果。这就为五邑地区后续开办职业学校提供了一定的办学基础。

第二节　有效的新员工招聘与管理体系

现代企业要想在激烈的市场竞争中获得优势，就需要重视和发挥人力资源管理的作用，而招聘工作是人力资源管理非常重要的组成部分。通过有效的招聘，可以将新的管理思想注入企业组织之中。随着时代的发展和企业规模的不断扩大，传统的企业员工招聘体系逐渐暴露出了很多的问题，在一定程度上阻碍了人才的引进，制约了企业的发展。针对这个问题，就需要重新构建企业员工的招聘

和管理体系,保证人员的合理流动和补充,增强员工对企业的归属感,促进企业健康稳定地发展。

新会中集公司建立了有效的新员工招聘与管理体系,该体系根据员工岗位的不同,采用不同的招聘及管理模式,值得我们学习与借鉴。

一、确定员工的类型和数量

根据新会中集的经营目标,为保证正常生产、经营发展的需求,分析现实人力资源需求、未来人力资源需求、未来人力资源流失,对人员数量、质量、结构进行严格的编制管理,确定公司发展所需要的人员类型、数量。

公司根据经营发展目标、组织架构调整、人力资源发展规划、人员编制需求及年度人员流动状况,编制下年度"人力资源需求预测报表"。用人部门根据业务发展需要及人力资源规划情况提出部门招聘需求。人事行政部根据用人部门的招聘需求申请,对外发布招聘信息。

招聘渠道有:网络招聘、猎头、现场招聘、校园招聘、代理招聘和内部推荐等。

二、文员招聘与管理

(一)岗位不同,招聘方式亦不同

针对不同的文员岗位需求,选择不同招聘方式,采用结构化面试、无领导小组面试、一般职业能力测试、背景调查等多种面试方法和手段识别应聘人员的素质,确保招聘人员的能力符合岗位的要求。

(二)给予人性化入职体验

新员工到公司报到即纳入试用期管理范围。试用期管理的主要目的是加速新员工融入公司、部门环境及文化,达到岗位的要求。为了给新员工创造人性化的入职体验,入职当天公司会有专人负责为新员工办理入职,向新员工介绍人文地理、企业发展历史、主要产品及企业文化;带领新员工到部门报到,并举行一个简短的欢迎会,让新员工在第一天就能消除陌生感。

(三)安排试用期辅导员,各方面关注与帮助新员工

新员工入职后即进入 3 个月的试用管理期,公司会安排一位部门骨干作为新员工的试用期辅导员,帮助新员工,关心新员工试用期的状态及情况并及时与其直接上级做好沟通反馈直至新员工转正。在试用期间人事行政部为新员工安排了

线上与线下相结合的培训活动，进一步加深新员工对于企业工作流程的了解，包括：中集集团业务发展介绍、企业内部控制与风险管理、集装箱产品课程、电子邮件使用技巧、通用办公技能、企业管理等十门 I－Learning 课程，以及组织新员工关爱活动，并在培训结束后将此学习情况作为后续转正考核的参考依据之一。

公司建立了一套健全的试用期管理机制：入职后辅导员须与新员工共同协商并制订试用期计划，即新员工与辅导员进行沟通后共同列出 3 个月中须完成的工作内容并进行任务分解和目标达成；其工作任务包含五个方面：公司、部门、职能管理及文化；I－Learning 网络课程学习；部门工作流程、文件和表单；部门、职能业务工作；专项落实的具体任务工作。试用期间，人事行政部不定期根据新员工的试用期计划目标达成情况，分别与辅导员、新员工进行交流；新员工的直接上级及部门领导将根据新员工工作完成情况、试用期表现以及培训课程完成情况做出评价反馈，包含对优秀工作表现的肯定以及对不足之处的改善建议。试用期结束时，部门将与新员工做转正面谈，对员工提出成长及发展建议；同时人事行政部也将与新员工做转正面谈，了解新员工试用期感受并征询对新员工管理的改进建议，以便后续不断改进及完善新员工的管理工作。

三、工人招聘与管理

（一）批量招聘与入职

工人招聘渠道：对外，从网络、人才市场现场、中介代理、刊登招聘广告、微信平台发布等多种招聘渠道入手，最大程度上扩大招聘信息的宣传；对内，实施老员工推荐老乡朋友入职的激励政策，不断提高生产旺季人员的招聘到岗率，以满足生产的人员需要。

工人招聘入职流程：首先集中对应聘者进行面谈、身体健康状况、体能测试筛选，综合素质符合要求的安排健康体检，健康体检合格者予以办理入职手续。

（二）帮助新员工在生活和工作上快速融入团队

新员工入职后，实行三级培训体系，采用"师带徒"传帮带的方式进行培训和考核，徒弟的技能达标时间、技能考核等级及转正时间直接与师傅的收入挂钩。为了帮助新员工在生活和工作上快速融入团队，公司为新员工提供免费用餐和住宿以解决员工生活上的后顾之忧，走访员工宿舍了解员工生活情况，解决困惑；关爱新员工职业健康，开展新员工见面会，讲述"中集人"的感人故事，树立榜样；定期举办新员工座谈会、班组建议活动、月度生日会等，坚持你我同行，送关怀谈感情。

由于新员工招聘与管理体系的有效运行，2018—2020年期间新会中集公司新员工流失率始终维持在5%以下。

第三节 独特的绩效评价方法

企业绩效评价系统将在业务发展中发挥非常重要的作用。企业管理层可以通过绩效评价系统了解企业自身，还可以更清楚地看到企业目前的发展状况，为企业未来更好的发展打下坚实的基础。并且绩效评价体系能够暴露出企业发展中的不足，通过对于凸显出来的不足进行有针对性的策略整改，可使企业内部自身运转系统更加完善，更加有效率地执行企业计划，使企业的市场竞争力得到很好的提高。

但是当前一些企业的绩效评价存在问题，如对高管的评价只注重股东以及董事会的意见，评价不够多元化。广东博盈特焊技术股份有限公司的绩效评价方法有其独特之处，值得我们学习与思考。

一、领导层绩效实行交叉互评

按《公司章程》规定对高层领导进行绩效评价的同时开展企业内部交叉互评，评价体系见表7-1。

表7-1　绩效交叉互评表

项目	股东评议	董事会考核	监事监督	平级互评	直属上司评价	评价周期
董事长	√	√	√	—	—	年度
总经理	—	√	√	—	—	年度
部门经理	—	—	√	√	√	月度
部门主管	—	—	√	√	√	月度

几年来，博盈公司坚持运用此方法对管理层进行评价。

博盈公司领导注重运用组织绩效评审及管理层绩效评审的结果来改进管理体系的有效性。改进流程是：收集意见—分析原因—制定整改措施—在部门工作中落实—效果检查及反馈。

比如：针对有些部门安全工作不落实、安全业绩差的问题，公司做了人事调整，调配有更强安全意识的领导进行整改，把安全意识自上而下地带入整个部门。

针对员工提出的"希望改善工作和生活条件"的意见和建议，公司领导主动检讨工作作风，深入实际了解员工的感受和困难；同时，公司决定投资约1 000万，建设功能配套齐全、设备一流的厂区职工生活服务中心，并新建约6 800平方米的职工住宅区，基本解决职工的住房问题。

二、建立以 KPI 指标为主的绩效评估体系

依据公司战略与部门责任，制定各部门的 KPI（绩效考核）指标。人事部协助总经理组织制定和分解公司级的 KPI 指标，并分解为部门的 KPI 指标；部门 KPI 指标通过月度计划任务分解方式落实到二级部门及责任人，形成员工 KPI 指标。员工绩效的完成直接支持了部门及公司绩效目标的实现。

（一）制定各层次 KPI 指标

按管理层次，制定高层领导目标责任制、中层动态量化考评办法、员工绩效考评办法，用于各层次 KPI 指标评价并及时把评价结果反馈给相关责任人，以便于绩效的改进。

高层领导实行目标责任制，总经理每年年初根据高层领导分管工作的 KPI 指标，与各分管领导通过签订责任状方式下达年度目标任务，年末根据完成情况进行考评。

人事部根据公司《管理人员动态量化考评办法》对管理人员进行月度和年度的绩效评价。

各部门根据本部门的员工绩效考评办法，对普通员工岗位 KPI 指标及岗位过程管理工作完成情况进行月度和年度考评。

为确保公司绩效目标的实现，公司制定了生产、质量、安全等过程考核办法，监控公司绩效目标实现过程各因素，体现过程管理与目标成效并重的绩效考评原则。

（二）按绩效考核情况，建立公平公正的薪酬激励体系

确立以工时工资、岗位工资为主体，多种方式并存的分配模式。公司对定额人员实行工时工资、对非定额人员及管理人员实行岗位工资分配，月度和年度的个人工作评价结果将作为工资发放考核的依据。

制定基于业绩的工资晋升（调整）制度。公司制定《岗位工资晋升与调整办法》，提升业绩优秀人员的岗位工资。

制定基于能力的分类激励措施。公司制定了全方位的激励措施，充分地激励和调动公司各类人员的工作热情和积极性。

第四节　学习型组织建设与员工发展

当前，我国企业的运营模式已经逐步从以往的劳动力导向型转向知识导向型。在这种社会环境下，如何保证企业在日趋紧张的竞争之中成功占据一席之地，是当前企业领导人迫切需要解决的问题。而实现这一目标的重要方式，就是不断提高企业员工的综合素质，组建企业内部的学习型组织机构，加快企业变革的发展进程。一个企业想要长久地发展下去，必然要有充足的人才储备，有源源不断的创新改革模式，以适应当前的社会环境及发展模式。

一、新会中集的学习型组织建设

"人才构筑中集的未来"，人才是新会中集最重要的资产和竞争优势，新会中集秉承"以人为本、共同事业"的核心文化理念，根据战略发展对人才的要求，在新会中集业务不断发展的同时也为员工提供了广阔的职业发展机会。

（一）构建员工的职业发展通道

新会中集构建了员工的职业发展通道（如管理、工程技术、财务等），进行有效的员工职业管理，以发展通道明确员工的职业发展方向，以任职资格牵引员工的能力提升。同时，新会中集通过构建富有中集特色的人才培养体系，不断培养行业内优秀的人才。新会中集多层次混合式的人才培养体系包括领导力发展计划、新任经理培养计划、国际化人才培养计划、专业培训、通用技能培训、新员工入职培训等。

通过"领导力发展计划"的培养，使领导人才达成个人、团队和组织领导力提升的目标，带动团队和组织发展。领导力是带动新会中集组织发展的核心动力，"扶上马、送一程"的领导力发展之道使新会中集的发展拥有源源不断的领导力；通过"任期制"实现干部的能上能下，把合适的人放在恰当的领导岗位上。

（二）着力打造学习型组织

与专业类职业发展通道相匹配的专业能力发展计划和专项培训为专业人才在新会中集的发展提供了充足的资源，"研发管理培训班""法律工作人员培训班""精益专员训练营""IT 经理沟通能力提升项目"推动着中集专业人才的交流和发展。

2012 年，中集学院正式成立，中集学院致力于推动学习型组织建设，通过传播组织学习理念、针对性地设计组织绩效提升与人才发展项目，如"集团新经理培养项目""商业计划书行动学习项目""集团级课程开发及讲师培养项目""一线生产管理人员学习地图项目""企业高管团队培养项目"，"I – Learning 平台建设项目"等，持续建设学习资源，助推组织能力提升。

新会中集的学习型组织建设取得丰硕成果。以技术团队为例，公司如今拥有一支技术覆盖面全、核心优势突出的研发队伍，团队老中青结合，年龄结构合理。技术团队在研究中坚持理论联系实际，已经具备了长期互相合作研究的基础，队伍结构合理、人员稳定，具有较高的研究水平。

凭借着强大的科研创新能力，新会中集公司被认定为"国家级高新技术企业""广东省知识产权优势企业""江门市知识产权示范企业"，并通过 ISO 9001 质量管理体系认证和知识产权管理体系认证，产品通过中、法、美、英、德、挪、意等七国船级社认可。2013 年新会中集公司成功筹建省级工程技术中心，2014 年被认定为省级企业技术中心。2016 年华南理工大学与新会中集公司合作设立广东省博士后创新实践基地，并推荐公司引进其博士后流动站，博士进入公司博士后创新实践基地进行科学研究、技术开发、成果转化，并取得一定成果。优秀的技术研发队伍为新会中集公司持续创新及核心技术领先提供了有力的技术支撑，已成为公司凝聚核心竞争力的最重要资源之一。

二、广天机电工业的员工发展计划

广东广天机电工业研究院有限公司（简称"广天机电工业"），位于江门市蓬江区，是根据区域机电产业发展的需要，结合本地区产业特点，由蓬江区人民政府与天津大学、天津摩托车技术中心等科研机构共同发起组建的重点产业公共科技创新平台。公司主营业务是在机电工业领域、交通工具领域及其相关领域内开展应用技术研发、产品质量检测及认证、行业标准制定、技术成果转化等工作。

（一）制订并落实员工培训计划

广天机电工业重视人才培养。办公室通过日常收集，每年通过发放《教育培训需求申报表》，结合员工绩效考核结果，多渠道收集培训需求，并综合考虑各方面要求，科学、系统识别培训需求，确定培训任务。在广泛了解社会培训资讯，做好内外部课程的评估选择这一基础上，该公司每年制订《年度员工教育培训计划》，就培训内容、对象、经费预算、组织单位和师资等做出安排，并加强教育培训体系建设，开发内部培训教材，建立内部讲师队伍。且配备了投影仪等先进多媒体教学设施，利用知识管理系统，开展网络培训。

（二）提高员工的业务水平

该公司通过立体式培训体系，保证了每个岗位、不同层级的员工均获得相应技能培训，新员工入职培训率始终保持在100%。所有员工接受了职业操守、价值观、岗位技能和职业安全培训以及丰富多彩的户外拓展训练，业务骨干还被安排参加外出考察培训、专家辅导培训等，平均每人接受培训时间均高于竞争对手水平，为公司的发展起到积极的促进作用。同时，通过有效的员工培训，提高了员工的业务水平，辅之以多项关爱员工的举措，如增加员工休息时间、组织年度带薪旅游、开展员工趣味运动会等，有效避免了人才流失。

第五节　员工培训与开发

员工培训作为企业高素质人才队伍建设的重要环节，其方式方法直接影响着教育培训的质量和效果。在新时代新要求的背景下，邑商企业努力适应各种变化，提高对员工培训工作的认识，创新和探索教育培训方式方法。

一、完整的内部讲师培养体系

新会中集具备完整的内部讲师培养体系，是邑商企业内部培训的一大亮点。

实践证明，成熟的企业培养体系有60%～70%的讲师资源来自企业内部，如美国GE（通用电气）、GM（通用汽车）、3M等公司。重视企业内部培训，就要重视内部讲师的建设。因为内部讲师制度具有以下几方面的优势：首先，内部讲师熟知企业文化和企业战略目标，更能把握课程的整体方向；其次，内部讲师具有丰富的实践经验，培训内容更贴合企业实际需求，针对性更强，尤其对于特殊岗位的技能和工作经验的传授具有很好的效果；再次，内部讲师制度更有利于企业系统地推行知识管理，内部讲师制度的建立，可以使整个公司内部加快知识获取、传递和推广的进程；最后，内部讲师有助于降低企业的培训费用，从而降低成本。

为提升新会中集的核心竞争力，适应市场的变化，实现公司战略目标，提高经营业绩，提升员工的能力，企业制定了《培训管理制度》，规定了各部门工作职责，规范培训的工作流程，为培训的考核标准和评估工作开展提供指导。同时公司还明确内部讲师的工作职责，内部讲师的管理、评聘办法等，为公司建立优秀内部讲师队伍提供制度规范依据。

（一）建立内部讲师队伍

新会中集公司建立了内部讲师队伍，现有内部讲师 35 名，包括生产类、管理类、技术类等。为了提高内部讲师的授课水平及激发内部讲师的热情，公司定期组织内部讲师参加内部交流会及培训等活动。公司还引进集团中集学院网络学习平台，为员工提供便捷的在线学习资源。

（二）内部讲师培训内容

新会中集每年制订公司级及各部门年度培训计划，涵盖新员工入职、安全管理、生产管理、风险管理、技术研发、业务技能、精益管理等方面，通过有计划的、持续的、系统的学习，来补充和提升员工的素质与业务技能，有效执行并对培训效果进行评估，进而支持人力资源的开发和可持续发展。

（三）培训实施

新会中集组建了内部讲师团队，开发了传授经验的系列实用课程，通过培训，使员工的技能得到较大提高。在培训后将教材统一管理，并根据培训效果评估的情况对教材进行补充、修改，以提高教材的实用性、领先性和完整性，建立较丰富的培训资料体系。

对于必要的外部培训需求，在业务部门根据实际需求提出申请，经公司审批后，由培训管理部门或业务部门联系外部培训资源，聘请外部培训教师到公司实施培训或派出员工参加外部培训。

内部讲师是企业人才培养过程中的主要力量，承担着重要角色。因此，建设一支稳定、专业的内部讲师队伍是企业培训工作中重要的环节，能够在新人入职教育、员工技能提升、职级教育等方面发挥巨大的作用，促进企业的人才培养，助推企业的业务发展。而讲师本身也需要不断成长，因此，公司定期举行内部讲师授课技巧提升培训活动。

二、系统的员工培训制度

开平广合腐乳有限公司位于著名的腐乳之乡江门开平水口镇。广合腐乳创始于 1893 年，具有百年腐乳制作的传统工艺，生产出风味独特、霉香嫩滑的腐乳，是水口腐乳的经典产品。

该公司注重员工的思想素质和专业技术素质的提高。认为人品是企业的立业之本，是产品质量的保证；产品最终是人品和技能的体现。"要立业，先做人"要求公司管理者不仅技术过硬，更要思想正派、作风踏实、脚踏实地，教育员工不仅要工作刻苦，更要勤学上进，既讲利益，更要讲究奉献。多年来，公司一直致力于人力资源的战略性投资，在员工的管理培训上步伐到位，狠抓不懈，实行严格的管理培训制度，使广大员工有归属感，从而提高其专业技能。公司的培训制度有三种形式：

第一，实行新员工入厂培训制度，所有招聘入厂的新员工，一律接受培训。其内容涉及员工守则、广合腐乳的工艺流程及原理等。然后通过笔试、面试和实际操作，进行综合考核并归档，作为以后晋升加薪的依据。

第二，实行岗位技能培训制度，旨在不断提升和拓展员工的专业知识、工作技能和业务素质，并在培训后期进行考核。每季度一次的培训结束后，对前三名给予不同程度的奖励，从而调动员工学习的积极性。

第三，实行有计划、有目的的提高性培训制度。通过外请专家来厂培训，从生产技术和管理知识入手，聘请专家学者进行有关企业成本控制和生产、质量管理方面的讲座，不断提升员工的技术管理水平和综合素质，使员工把先进的技术灵活运用到生产实践领域中去。

公司致力于人力资源的合理开发和智力投资，使企业获得可持续发展的有力保障，使这百年品牌长久不衰。

第六节 建立现代人力资源管理机制

基于"以人为本"的理念，邑商企业建立了由定岗定员体系、培训开发体系、薪酬激励体系、招聘和用人管理体系、绩效评价体系等构成的人力资源管理系统，营造了阶梯式人才培育、多途径的职业发展空间，为企业可持续发展提供了有力保障。

一、根据扁平化理论，减少纵向管理层级

量子生物根据企业的发展战略要求，为更好地适应企业的运营特点，提高灵敏性和快速反应能力，在调查、对比分析、评估的基础上，结合实际情况，根据扁平化理论，将原来的组织结构进一步进行了优化，主要分为三个管理层级，一级为公司，二级为部门/委员会，三级为班组/车间。优化后的组织结构既使各部门责权明晰，又提高了工作效率，降低了管理成本，提高了快速反应能力。

二、组建联合小组，加强横向沟通

海信（广东）空调有限公司位于广东省江门市先进制造业江沙示范园区，是海信空调于2014年新建成的全新生产基地，占地27万平方米，拥有年产500万台的空调生产能力。产品覆盖空气调节器、除湿机、空气净化器的设计和制造，是中国最早致力于变频空调研发、生产和推广普及的企业，拥有海信空调、科龙空调两大品牌，生产的产品远销全球130多个国家和地区。海信空调已成为一个具有全球影响力的中国制造代表性品牌。

为了打破部门间隔，建立健全跨部门、跨职能的内部协作机制，海信空调公司根据工作需要，亦组建了相应的工作项目组，并建立健全项目管理机制，在公司管理办公会的充分授权下，调动员工积极性和主动性参与公司管理，促进不同系统、部门、岗位之间的协调配合作业，整合资源，快速反应，提升组织和团队工作效率。工作项目组负责计划、组织、实施、监督检查工作，解决在经营管理等工作方面遇到的各专项难题，确保组织绩效及工作任务的完成。

海信（广东）空调有限公司跨部门小组示例：

（1）TPM共进小组：由装备部、各车间共进组组长书记和骨干成员组成。

主要职责：通过TPM（全员生产维护）共进小组活动的开展，人员的管理从不可控到可控，员工能力从不自觉没能力到自觉有能力，表现、合作、氛围等有良好的变化，事故、成本等指标有改善。

（2）节能降耗管理小组：由装备部、各能源使用部门负责人和兼职能耗管理员组成。

主要职责：旨在推动全员参与节能降耗工作，通过各部门将能耗报表与历史

数据（上周、上月数据）的对比，及时发现能耗异常部门，及时执行相应考核奖励措施，使各部门能耗处在可控范围。改变了以往能耗报表仅仅是事后分析而不能及时发现解决问题的弊病，以项目管理的方式开展节能降耗目标责任制推进。

（3）卓越绩效管理项目组：由总裁、各系统/事业部负责人、各部门管理者及参与人员组成。

主要职责：旨在通过导入广东省政府质量奖评审机制，全面提升公司运营质量，创造卓越组织绩效，促进组织持续健康稳定发展。

（4）IPD（产品开发）项目组：由各事业部负责人，产品线经理，产品设计开发、市场推广、财务人员等组成。

主要职责：旨在对产品需求、研发、生产、上市、退市进行全生命周期管理。

（5）精益项目组：由供应链及制造系统负责人、物资管理部负责人、采购部负责人、品保部负责人、生产基地负责人、车间负责人等组成。

主要职责：优化生产流程，完善生产工艺，改良生产技术，提升生产效能。

三、建立充分授权的管理机制

量子生物公司成立了十一大职能中心（人事行政、幸福企业工作、财务、技术、销售、品牌、客服、检测、质保、采购、生产），全国四大业务区域（华东、华南、西南、华北）和四个管理机构（董事会下设战略、审计、薪酬委员会和董秘办），根据《权责手册》实行块块管理，形成了以垂直指挥系统为核心，横向联络系统为支持的两大系统；以《部门职责》及《岗位说明书》明确各级职责与权限，岗位层级清晰，不同类别、不同层次岗位的职能、职责、任职资格、工作权限划分、上下级及内外部关系明确，促进组织的授权；同时，在2018年开始使用钉钉移动办公系统，当各级领导外出时，也可以通过移动办公系统进行相关工作的签批、决策，以保证关键工作和相关决策的执行高效。

垂直指挥系统强调上令下行，实行组织目标或任务的分解，主管领导根据工作的需要，确定几个分目标负责人，进行分权和任务分解；然后分目标负责人再对目标进行分解，最终达到目标的逐层分解，形成金字塔型的指挥系统，保证组织目标的实现；为保证有效沟通和组织目标的良好执行，通常采用通知、会议、专项行动等方式，并通过督办系统确保组织的良好、有序运行。

横向联络系统在公司日常管理，特别是项目管理中的应用非常广泛，其作用主要体现在相互服务，推动工作更快、更好地进行；相互监督、相互制约，保证工作有序、有效进行；工作的进度是由"木桶原理"中最短的"木板"即瓶颈工序决定的，有了横向沟通，便可以相互协调，对影响工作进度的工序进行有效调节，从而共同完成工作。

四、构建多种内部沟通平台和机制

畅通沟通渠道，营造诚信、创新、快速反应和学习的良好环境，可以广泛听取和采纳各级员工的意见和建议。

（一）海信（广东）空调有限公司的沟通渠道

海信（广东）空调有限公司通过职代会、生产协调会等多层次、多角度掌握员工思想动态，形成自下而上的信息反馈机制，保证内部沟通有效；通过网站、报刊等多种方式实现与供应商、合作伙伴及社会的双向沟通。同时，公司每年定期对供应商进行走访、审核、评价等，规范供方及合作伙伴的企业行为，寻找利益共同点，建立稳定的、相互信任的互利合作关系。

海信（广东）空调有限公司沟通渠道示例：

（1）内部邮箱及电话：员工意见及工作交流。

（2）OA（办公自动化）系统：发布文件、通知，向公司所有员工传达战略规划、人事任免、工作计划、学习文件等。

（3）课题、提案征集：员工意见与建议。

（4）员工入职手册、员工生活安全指南、质量培训：企业文化、劳动纪律、安全环保质量意识及入职基本能力等。

（5）工会/职代会：每年至少举行一次职工代表大会，进行公司经营情况、工会工作、员工福利等讲解以及重大问题决策。

（6）微信公众号：公司简介、企业文化、企业大事件、产品信息、员工活动。

（7）总经理意见箱：办公及车间区域设总经理意见箱，为员工提供向公司提出合理化建议的途径，安排专人定期开箱，对意见内容进行评估、跟进和监督。

（二）广东博盈特焊技术股份有限公司的沟通渠道

博盈公司强调领导、员工之间的双向沟通，建立具有博盈特色的多种沟通方式。积极听取各方意见和建议，同时将公司的经营情况充分披露。沟通渠道如下：

（1）公司总经理和领导层通过每月的工作例会，双向沟通。认真听取各部门在工作中存在的难点、疑点问题及建议，记录在会议纪要中，在规定时间内提出解决措施。

（2）目视看板，双向沟通。在车间设立目视看板，员工只要在看板上写下合理的建议，管理人员必须及时收集、分析、改进并答复。自实施以来共收到合理化建议20多条，落实后，工作环境有了根本的改善。

（3）绩效面谈，双向沟通。上级对下级下达工作任务时，通过与员工面谈，听取员工的合理建议，共同制定下级的绩效目标、任务与计划。在任务、计划实施过程中，上级对具体工作情况进行检查与面对面的沟通，了解工作进度，听取下属意见，提供支持。工作结束，对绩效验收，与下属面谈沟通，提出持续改进措施和方向。

（4）年度员工大会，双向沟通。每年召开员工大会，在会前收集汇总员工的各种提案，筛选分析后用于改善公司相关管理工作的制度。员工所提出的对重大事件的合理建议，公司高层领导必须在会上答复，对员工提出的问题承诺限期解决。例如，2016年，员工代表大会提出住房紧张的提案，公司即在二期车间建设中规划1 000万元新建占地面积6 800平方米的员工生活区，建设功能配套齐全、设备一流的厂区职工生活服务中心。

第八章
邑商企业的质量管理

质量管理是所有企业无法回避的关键内容，也是难点之一。随着产品质量内涵的不断充实、丰富和深化，人们不再单纯看某一产品的质量，而是将视线转向产品质量服务的整体，故而要采用优化、创新的产品质量管理方法和手段，增强现代化企业的市场竞争力，更好地推进经济高质量发展和进步。在我国经济进入转型的关键阶段，企业要重视和强化自身的产品质量管理，要改善原有的产品结构，开拓企业产品的市场空间，探索和思考质量效益型的企业发展道路，以强化质量管理作为确保企业产品质量的根本保证，更好地提升企业的核心竞争力，扩大企业产品在市场上的份额，较好地推动经济的高质量发展。在这方面，邑商企业有其独到之处。

第一节　邑商企业的质量意识

质量意识是指人们对产品质量、工作质量、服务质量的认识、了解、掌握的程度。对质量的思想认识、信念，对质量的评价以及质量素养等，都属于质量意识的范畴。

一、质量意识的主要内涵

"质量第一"观念。"质量第一"就是要求企业所有员工都要确立"质量是企业的生命""质量就是效益"的思想。坚持把质量作为企业生存和发展的第一因素及保证企业经济效益的重要条件。

预防为主的观念。在经营服务过程中,当人、机、料、管理、方法、环境系统中发生非正当的情况时,必然出现质量事故。因此,质量管理工作需要有超前性,要立足质量事故的防范,坚持预防为主的原则,从而有效地控制和消除影响质量的因素及质量事故隐患,真正做到防患于未然,实现高效经营服务。

科学质量管理的观念。质量的形成有其自身的规律性。企业在经营活动过程中制定的各种质量规划、标准、制度都是经验教训和科学实践的结果。传统的质量管理,往往注重对质量事故的分析和处理。要使质量管理适应科学技术发展的新形势,必须强化科学的质量管理观,遵循质量形成的客观规律,在质量管理中,广泛运用现代质量控制技术和方法,实现对质量事故的预测、预防和控制。

二、香港嘉华集团的质量意识

嘉华集团副主席吕耀东认为:"现代质量意识已经渗透到嘉华集团的很多领域。比如,公司的水泥管道、混凝土等,按照国际标准生产出质量一流的建材产品销售给内地的市场,我就觉得有一种很神圣的感觉。多次听到有楼宇坍塌、桥梁断裂的事件发生,伪劣产品夺去了同胞们宁静的生活、快乐的心情,甚至宝贵的生命,我为之痛惜。我希望我公司产品的优良质量给工程以可靠的保证,同时希望看到人们因其带来的便利和舒适而生活祥和。当然,这也将为我们嘉华赢得口碑和尊重。我经常对下属企业的员工讲,股东和顾客是我们的上帝,是企业生存的前提,所以应该生产优质的产品,并规范管理以产生好的效益。我们只有在保证质量的前提下才能谈赚钱,这种钱就赚得问心无愧。好的口碑是赚多少钱也弥补不了的,它比钱更重要。"

踏入 21 世纪,嘉华集团凭借优秀的产品及服务质量,跨越重重障碍,不仅平安度过"9·11"事件、非典、金融海啸等动荡岁月,而且在逆境中连创骄人成就。尤其令嘉华集团感到自豪的,莫过于在 2002 年,成功投得澳门娱乐牌照,把业务版图扩展到澳门大型综合娱乐会展业。集结其数十年经营环保建材、旅游酒店、房地产之经验,集团整装待发,以迎接这巨大商机。

嘉华集团在内地的发展势头亦不遑多让,在珠三角、长三角的多个优质地产项目及华北、华东、华南等地区的建材项目,都在本地化策略及资源共享的有效执行下,逐一开发落实。这十数年间,嘉华建材成功地由传统垂直模式建材供应商转型为一站式综合环保增值型产业,并与北京首钢、云南昆钢、安徽马钢、南京钢铁、湖北鄂钢、广东韶钢及贵州水钢等著名钢铁企业组成战略性伙伴,把钢厂的水渣循环再造，以崭新技术提炼成矿渣微粉的环保产品，提供给内地多个大型基建项目。

走过风雨历程，嘉华集团已晋身为业务多元化的跨国企业，并将继续积极贯彻"质量第一"理念，立足粤港澳大湾区，加速业务步伐，进一步发挥综合实力，配合国家可持续发展的大方向。

第二节　培育质量文化，树立品质标杆

企业质量文化，作为企业文化的一个重要部分，一般是指企业在生产经营活动中所形成的涉及质量方面的质量价值观、质量意识和质量品位，它是企业内部明确的或隐含的处理质量问题的方式与机制，并广泛包含和体现于企业的产品、员工所表现出来的质量形象上。在经济全球化形势下，企业开展质量文化建设是提高自己的外部竞争力和内部凝聚力的迫切需要。

质量文化的理论和实践，是质量管理理论发展与实践的一种必然表现和高级阶段。企业的质量管理经历了质量检验、统计质量控制和全面质量管理阶段，人们对于质量的关注点也由最终产品是否合格转向了产品设计、制造、检验、使用、服务的全过程控制。在这个过程中，追求卓越质量本身逐渐成为一种理念和企业文化，并渗透到企业的各个方面。当把质量管理同企业文化建设联系起来，使全面质量管理不仅是一种生产活动，而且深入到上层建筑成为一种文化活动时，质量文化也就逐渐形成了。本节以无限极（中国）有限公司为例，阐述邑商企业在培育企业质量文化、树立品质标杆过程中的具体做法。

一、培育企业质量文化，提升员工质量意识

无限极公司以"弘扬中华优秀养生文化，创造平衡、富足、和谐的健康人生"为使命，公司创建了"养生固本、健康人生"的养生理念。落实到质量上便是积累多年的质量文化故事，在质量管理策略的引导下，质量管理理论、质量管理方法在实践中不断完善，无限极质量文化也在企业发展实践中持续得到创新与升华。

无限极公司认识到：企业的永续经营之道，是企业持之以恒地追求产品质量，并为此制定公司的经营理念和发展战略。市场竞争是企业产品的竞争，更是

产品质量的竞争，也就是企业质量文化的竞争。没有优秀的质量文化，企业难以拥有高质量的产品。好的文化创造好的企业，好的质量文化铸造好的产品质量。

为了提升全体员工的质量意识，无限极公司将质量价值观融入组织经营活动和全体人员的行为准则中，领导以身作则，积极培育员工的质量意识；为了更好地营造质量氛围，公司创造良好的内外部环境以调动员工及利益相关方在质量建设方面的积极性、主动性和创造力，使其充分参与到组织的质量管理活动当中。无限极积极将质量理念转化到产品质量上，主动关注顾客体验，积极履行社会责任，通过保障产品品质推动员工、企业和社会的共同发展，目前公司已形成了一套无限极质量文化系统。

无限极质量文化的核心是"让更多人了解、让更多人参与、让更多人贡献"，让质量管理渗透到企业经营活动的每一个环节，形成"人人关心质量、人人维护质量、人人改进质量"的大质量氛围。公司要求员工必须用其真诚、良心和责任诠释质量，并在实际行动中真正落实对质量的责任。

质量管理就是质量文化的管理，无限极的质量文化管理通过自上而下的推广，自下而上的行动，员工自觉遵守公司的质量体系，自觉落实质量标准要求，做到人人、事事、时时、处处关心质量。在良好的质量氛围中员工自觉讨论质量，使质量文化变成自身的良好行为习惯。无限极的质量制度管理以卓越供应链管理模式为基础，是无限极质量文化落实的保证。为此，公司制定"中药养生，致力生产优质产品；持续改进，竭诚满足客户需求"的质量方针；制定了"安全至上，致力消除潜在危害；功效为本，提供优质有效产品"的产品安全方针。

二、制定全过程质量指标，完善企业质量控制体系

为了进一步完善企业质量控制体系，无限极公司制定从研发到市场服务的全过程质量管理的质量指标。无限极在推行质量文化建设过程中，为了能够科学系统地评估质量文化建设的有效性，明确了一系列可量化的测量指标，主要包括市场指标和现场指标。市场指标主要围绕客户满意度进行评估，评估指标有产品顾客满意度、顾客产品投诉率及产品召回次数等。现场指标主要围绕与质量管理相关的指标进行评估，评估指标有中间品质量一次合格率、成品质量一次合格率、质量管理绩效、内部顾客质量满意度、质量活动人员参与度等。为了促进各部门质量管理能力不断提升，公司每年都不断提高各指标难度并作为各部门考核指标。通过对方针的落实、对指标的评测，无限极正打造一个比从研发到市场更

长、更全面的全产业链质量控制体系，把质量管理前移至供应商，乃至供应商的供应商。

三、"100 - 1 = 0" 的 "硬核" 质量管理

无论是在无限极产品检测中心实验室，还是在产品自动化生产车间，都随处可见一个公式——"100 - 1 = 0"。从印刷体的提示语，到员工用便签纸拼成的板报，"100 - 1 = 0" 带来了极大的视觉冲击力。据介绍，这个源于李锦记质量管理理念的公式，指的是一百件事，只要有一件做错或做得不好，就等于白做。

无限极视产品品质为企业的生命，建立全链条化管理模式，从原材料种植、产品研发、生产、物流到售后，不放过任何一个环节和细节，严把产品品质关。无限极拥有通过 CNAS（中国合格评定国家认可委员会）认可的专业的产品检测中心，在认可范围内所出具的报告，为全球 100 多个国家和地区所承认。无限极公司法规与标准负责人表示，合法合规是企业经营的航标灯，是企业的从业底线，无限极始终把合规管理作为生产经营中的前提条件。

能在数千家同行企业中脱颖而出，如今成长为行业龙头，无限极崛起的背后，是坚守 "100 - 1 = 0"，即质量管理零缺陷、产品安全零容忍、质量服务零距离的质量理念，以及建立多方科研平台、全产业链支撑开发精品的执着。

四、建立质量激励机制，确保质量文化建设切实有效推进

为了更好地发挥榜样的影响力及带头作用，帮助员工及队伍快速成长，无限极公司为对质量文化建设做出贡献的员工设置了由点到面的激励制度，活动包括竞选合理化建议、创新、规范化优秀小组、质量优秀班组、质量建设贡献、QC小组项目等，通过这些与工作相关的丰富多彩的质量活动，适时、适当地给予员工升迁、培训或各种表彰。员工参与其中，在其中感悟，对企业产生了强烈的认知感和归属感，在轻松的生产氛围中也不断谋求创新，从而实现员工和企业的双赢。

五、关注产品源头的质量管理，打造全产业链质量文化体系

无限极以卓越的质量管理理念关注产品质量的同时，也十分关注产品源头的质量管理，公司大质量管理的理念已经前移至供应商的质量管理。为确保公司产品的中草药原料的质量安全，公司联合农业部（现农业农村部）及中国农业大

学的专家教授组建了"中草药产业发展专家顾问委员会",建立了中草药种植管理模式。自 2011 年以来,公司已连续举办了四届中草药种植管理论坛。

基于"大思考、大格局、大作为"的大质量的思考,无限极的质量管理不仅在公司内部营造了大质量文化,在外部也积极整合资源,将专家、合作伙伴吸引进来,为公司大质量文化添砖加瓦。

无限极质量文化体系,为公司产品质量提供了安全保障。2003—2020 年无限极连续 18 年在中国食品安全年会上获得"食品安全百家诚信示范单位""食品安全管理创新优秀案例"等多项荣誉;5 次获得国家相关部门批复同意、广东省颁发的"高新技术企业"称号,累计有增健口服液、无限极牌常欣卫口服液及萃雅菁颜系列产品等多款产品被认定为"广东省高新技术产品",无限极新会生产基地产品检测中心、营口生产基地产品检测中心都已通过中国 CNAS 实验室认可和英国 FAPAS 能力验证。

第三节　建立全生命周期质量管理系统

江门市大长江集团有限公司(简称"大长江集团"),位于江门市蓬江区,是一家以生产摩托车及其零部件为主的大型中外合资企业,创建于 1992 年 2 月。大长江集团是中国最大的摩托车制造企业之一,也是日本铃木株式会社在中国最大的摩托车产业合作伙伴,生产的"豪爵"和"铃木"系列摩托车不仅畅销国内,而且出口 70 多个国家和地区。2003 年以来,大长江集团连续七年入选"中国企业 500 强",多次获得"中国纳税 500 强""全国实施卓越绩效模式先进企业""全国用户满意企业"及"广东省大型企业竞争力 50 强"等荣誉。

从 2004—2020 年,大长江集团连续 17 年位居全国摩托车销量排行榜首位,源于大长江集团卓越的全生命周期质量管理水平。大长江集团生产的摩托车先后获得国家"新车注册免检""环保免检"及"出口免验"等资格。"豪爵"商标被认定为"中国驰名商标","豪爵"摩托车获得首届"中国名牌产品"称号并蝉联多届。

全生命周期质量管理是在供应链环境下形成的全新的质量管理理论,研究质量链管理可以从企业的内部和外部着手。从企业内部来说,从企业进行市场调查开始,之后的设计、制造以及销售等环节都与产品质量有关。从企业外部来说,供应商、合作伙伴以及分销商都是质量链上的统一整体。质量链管理体系的建立有利于制造企业和各个供应商一同为顾客提供良好的产品服务。质量链管理彻底突破了质量壁垒的局限，它利用多种先进技术建立开放性和协同性的新型企业间质量关系，用系统的观点组织产品生产的全过程，从最开始的供应商到最终的客户之间，其中包括制造商和销售商，建立一条具有快捷性和受控性的质量链路。

一、随着生产规模的扩大，质量管理体系的复杂性增加

为了加强质量管理，大长江集团早早引进和成功实施了 PDM（产品数据管理）、ERP（企业资源计划）、MES（制造执行系统）、SCM（供应链管理）和 OA 等管理信息系统，极大地促进了公司业务和管理水平的提升，使其总体信息化水平处于行业领先地位。但随着生产规模急剧扩大，大长江集团陆续在各地建立了工厂、分公司，外购零部件数量迅猛增加，销售服务网点也日益扩张，质量管理体系和工作模式面临着越来越大的挑战：

（1）外购件超过 1 万个品种，每月进货多达 10 万个批次，需要检验的外购件比重大且检验项目多，急需建立自动化、科学化的进货检验管理平台，以便高效地开展检验任务调度、检验状态控制和结果判定，大幅缩减检验周期，减少不合格品流入的风险，满足生产节拍和高品质的要求。

（2）供应商数量多达 600 多家，且地域分散、质量保障能力参差不齐，不合格质量事件突发频率较高，对生产进度和整车质量造成较大的影响，急需建立规范和快捷的供应商质量管理平台，提升供应商的整体质量保障能力，从源头保障外购件、外协件的质量。

（3）摩托车生产工艺复杂、生产流程较长，涉及压铸、注塑、涂装、总装等特殊过程，需要采用 SPC（统计过程控制）技术对大量的关键质量特性进行实时监控，防止批量性缺陷产品事件发生。另外，在冲压机加工部、装配部、总装部以及供应商之间需要建立高效的质量问题审理和处理平台，确保质量问题得到快速、闭环管理，保证整车质量符合高标准要求。

（4）公司面临着越来越大的缺陷产品强制召回的压力，急需建立完整的、电子化的整车信息档案，将车辆谱系信息、生产信息和质量信息进行有序组织和动态关联。当启动缺陷产品召回程序时，帮助管理人员快速还原生产情况，查出问题源头，界定缺陷产品的准确范围，避免遗漏或错误召回，将损失减少到最低限度。

（5）公司面临着越来越多的市场质量投诉和维修服务压力，急需建立市场品质服务平台，以便快速响应用户服务需求、准确履行三包服务责任，进一步加强与各地服务中心业务联系和信息交互。

虽然集团的 ERP、MES、SCM 等系统配置了质量管理功能模块，但是它们的管理模式、应用范围和系统功能已无法满足当前业务和未来发展的需要，因此，建立融合先进质量管理理念和技术并以产品全生命周期为主线、可以连接上下游供应链的质量管理集成平台已成为集团迫切的需要。

二、全生命周期的质量管控

摩托车产品开发是一个非常复杂的过程，产品质量尤为重要。通过 QMS（质量管理系统），大长江集团将采购、制造、售后服务和质量改进方面的质量管理业务纳入系统进行管理，在系统中对采购的每一种零部件建立了质量检验标准、检验转移规则。QMS 收到 ERP 系统的到货报验信息后，按照检验标准进行质量检验，检验后将结果直接发布到 ERP 系统，使得零部件的检验过程得到严格控制，规范进货检验业务流程，提高检验工作效率。同时，系统能够对于自制件实现制造过程质量控制，通过与现场检验设备建立数据采集接口，直接将设备检验数据采集并输入系统，发现制造过程问题时及时采取措施纠正，提高了自制件生产的合格率和质量检验的准确性。

以三包件管理和品质情报管理流程为主线，通过系统开展三包件的接收和处理、责任判定、市场赔付、供应商责任索赔、实物退货管理等业务。同时收集来自市场的情报，分析总结后反馈给产品制造部门、采购部门、研发部门以及质量管理部门，为技术改进和产品开发提供参考数据。

建立质量改进管理系统，通过系统采集来自供应商、制造过程质量、售后市场反馈的改进信息，依据改进需求的等级开启日常改进或项目改进流程。系统在异常问题处理和质量改进过程中实现对有价值信息的积累和筛选并建立经验库，为生产过程控制、修订标准提供依据，也为日后同类问题分析诊断、新产品研发提供重要参考数据。

三、全生命周期质量管理系统实施效果

全生命周期质量管理系统建设内容包括了供应商质量管理、进货检验、制造过程控制、市场品质管理、质量改进和供应链管理等关键业务，据此，大长江集

团建立了涵盖供应商、集团各部门、工厂和全国各地服务中心集成应用的质量工作平台、信息集成平台和决策支持平台。

全生命周期质量管理系统上线使用后，新供应商开发、样件鉴定、工程变更、质量评价、质量监督、生产件批准等关键业务流程得到了规范和控制，系统还自动提供关联信息，提高了业务处理速度和决策的透明度。例如，在潜在供应商的准入资格评审流程中，系统自动关联新供方现场审核得分、样件鉴定和试用结果以及服务能力评价得分等信息，帮助采购、质量管理等部门业务人员做出正确的评审决策。另外，基于供应商信息交互平台，主机厂与供应商建立起无缝信息共享和在线业务协同环境，突破了地域局限造成的种种困难。

随着节拍生产、JIT（准时生产）等先进技术的推广，如何快速、妥善地处理各种质量问题已成为新的挑战。为适应大长江集团对质量问题进行科学分类和分层控制的需要，系统建立了多层质量改进控制模型，实现了不同类别问题自动路由到对应的改进控制模型中。例如，将质量问题划分为公司公关类、QC小组类和日常处理类，分别设置对应的处理和控制流程，并分配相应的资源，促使质量问题得到快速处理、有效监控。另外，由于企业对知识管理的日益重视，技术人员参照PM（菲莫国际）公司的质量经验库系统设计思路，开发了大长江集团的质量知识库系统，将质量问题、操作经验及维修经验进行系统的汇总，通过规范的审核机制，把有价值的知识纳入质量知识库中，实现质量知识不断积累和充分共享。

大长江集团全生命周期质量管理系统上线后，企业与分散在全国各地的工厂、服务中心、维修网点可以基于此平台开展质量投诉、三包退件鉴定、索赔等业务协同，极大地提高了客户服务响应速度。此外，建立了动态的品质情报收集、统计和分析平台，及时掌握售后产品质量的变化趋势，并对批量性质量安全问题及早采取主动服务，既提高客户满意度，又减少缺陷产品带来的潜在损失。QMS上线以来，对集团质量管理水平的提升起到较为显著的作用，特别是进货检验质量管理模块的上线运行，实现了在手工模式下难以开展的转移规则的应用。

第四节 创新传统技艺，打造质量精品

食品产业是关系到国民营养与健康的民生产业，是国民经济支柱产业，是永恒的朝阳产业。我国食品工业占 GDP 比重已超过 12%，与世界上包括美国在内的发达国家 10% ~ 15% 的比重相仿。当前，我国食品产业发展的当务之急和最大趋势就是传统食品现代化。我国传统食品产业包括一些知名企业仍停留在传统作坊式生产阶段。如何让色、香、味、形俱佳的中国传统食品在现代化的条件下得到传承和发扬？我们唯有变压力为动力，通过创新驱动发展，实行传统工艺现代化，在不改变传统风味的条件下，实现质量和效率双赢。在这方面，鹤山市东古调味食品有限公司实现了成功转型。

一、传统酿造工艺传承与现代技术创新相结合

东古公司关注并实际推动质量工作，在战略规划过程中，关注质量方面的信息收集和分析，2018 年提出了"2019—2023 双五规划"——坚持传统的小池酿造结合技术创新，以东古公司系列酱油带动其他品类发展，扩大国内市场；5 年实现 50 亿的销售额。"双五规划"体现了以质量为基石的战略方向，传统工艺和技术创新有效地保障了产品质量。

东古公司在不断吸收和传承传统酱园文化精髓的基础上，融合现代企业的管理理念，形成各发展阶段的文化特点，通过多次会议的意见收集、讨论，构建了完整的、系统的、具有东古特色的企业文化体系。公司的"传承中华技艺、传扬华夏美食、酿造美好生活"使命和"百年东古，味满天下"愿景，体现了具有东古特色的质量文化，公司坚持沿用传统的小池天然晒制工艺，酱油产品色泽红亮，酱香浓郁，口感鲜美，成为高质量的调味品；在传承传统工艺的同时，东古公司结合创新技术，与时俱进，不断打造品牌、提升公司综合实力、保持传统酿造工艺传承并与现代技术相结合，让产品保持健康、安全、优良的高品质。

二、严格执行现代质量管理标准

东古公司通过了 ISO 9001 质量管理体系认证和 ISO 22000 食品安全管理体系认证，由管理者代表负责质量管理工作，建立 HACCP（危害分析与关键控制点）

小组。管理者代表和 HACCP 小组通过体系的建立和实施，使得公司质量管理水平得到有效的保障。

公司建立的 ISO 9001 质量管理体系认证和 ISO 22000 食品安全管理体系有效地提高了公司质量管理能力，包括内外部环境识别、风险识别、质量体系和目标的策划、运行控制、持续改进等方面的内容。

三、积极培育生产与质量管理人才

东古公司为工艺、设备、产品研发、检验人员设立技术序列的职业发展通道，依据战略规划确定技术序列人员的需求，通过外部招聘和内部培养的方式引进技术人才，并通过培训、师带徒、劳动竞赛等方式培养技术人才，在《员工手册》中明确规定技术、质量方面可获奖励的行为和表现，并制订相应的奖励方案。公司按照《科技研发人员技能培训制度》，每季度制订研发人员的培训计划并组织实施；公司积极组织科研人员参加国内食品行业较为重要的各类学术会议、讲座及大型的食品国际配料展会；密切关注了解国内外食品调味料的新动态、新趋势，提高研发人员的知识面和收集产品研发所用新素材，更好地服务于公司新产品研发和改良工作。

四、建立质量安全管理机制，确保食品质量安全

东古公司高度重视质量安全责任，制定了"重质量、重安全、严管理、讲信誉、创品牌"的食品安全方针，设有食品安全管理者代表及食品安全小组，制定食品安全管理体系的方针和目标，组织对员工进行 HACCP 有关体系知识的培训，组织制定公司的操作性前提方案、HACCP 计划，组织实施公司 HACCP 方案，定期对食品安全管理体系进行验证、确认，从而确保食品安全管理体系的有效实施和改进。

公司实施 ISO 22000 食品安全管理体系，通过食品安全危害识别，确定关键控制点和控制计划，有效地进行食品安全的管理。公司制订有酱油 HACCP 计划书、食醋 HACCP 计划书、固态调味料 HACCP 计划书等15类产品的 HACCP 计划书，同时针对转基因、添加剂、致敏源、易碎品等方面的食品危害制定了明确的管理制度进行管控。针对食品安全事件，公司制定了完善的《食品召回控制程序》，在召回食品的判断、待召回食品的识别和评价、召回程序、纠正预防等几个方面都做出了明确的规定。

五、采用高质量标准

东古公司一向坚持采用高质量标准。酱油的鲜味和营养价值取决于氨基酸态氮含量的高低，一般来说氨基酸态氮含量越高，酱油的等级就越高，也就是说品质越好。按照我国酿造酱油的标准，酿造酱油分为四级，氨基酸态氮含量大于等于 0.8 g/100 mL 为特级，大于等于 0.7 g/100 mL 为一级，大于等于 0.55 g/100 mL 为二级，大于等于 0.4 g/100 mL 为三级。公司坚持采用较标准要求更高的质量标准，其中一品鲜酱油为特级酱油，氨基酸态氮含量高达 1.25 g/100 mL。

东古公司为了将产品质量推上一层楼，还与广东省各食品研究机构合作，针对现有生产工艺的缺陷进行改善，一些生产车间已经实现全自动机械化，生产效率明显提高。

调珍酱园依托的是清澈的西江水，如今随着自然环境的变化，东古公司改用更清洁的山泉水，选料更讲究。古劳面豉与酱油的主要材料仍然是优质黄豆与面粉，质量的关键还是坚持沿用传承一百多年的天然晒制方法，不加任何化学原料，使之符合现代人追求健康环保的饮食概念。根据南方的地理情况，东古系列酱油采用高盐稀态的发酵方式并通过天然晒制，晒制期间还要严格进行回油、质量监控等，因此东古公司所生产系列酱油，色泽明亮，酱香特殊，口感鲜美。一品鲜酱油更是因其浓厚、独特的鲜香味备受厨师们的青睐，东古公司因此获中国烹饪协会"中国餐饮 30 年优秀伙伴奖"。

第五节 生产过程中的质量控制

生产过程控制是从投料开始到制成产品的整个过程的质量控制，是企业形成产品符合性质量的关键。因此要求生产工人和各职能管理部门都围绕确保工序能稳定生产这个中心，各司其职，开展各项质量活动，严格执行工艺纪律，认真执行规定的程序，使产品的生产质量能符合规定要求。通过全过程控制，不断提高内部质量管理水平，这是提高符合性质量的关键。

广东博盈特焊技术股份有限公司的产品制造过程采用"拉动式"生产管理模式，实施全员监控，确保产品一致性，以"产品出厂合格率100%"为目标，确保每台产品的可靠性。

一、生产过程采用"拉动式"生产管理模式

博盈公司生产部按照"拉动式"生产管理模式，组织策划、协同指挥全部生产过程，并实行"责任链"考核，充分调动整个生产系统的主动性和积极性。

为适应动态的生产过程和外部（市场）环境的变化，按《生产管理规定》及生产流程等不断地进行协调平衡，适时下达或调整生产计划。成熟产品按营销订单生产，定制产品则由开发部直接指挥组织生产。

二、制造工艺技术管理采用目标管理模式

博盈公司通过确立标准化的制造工艺技术（含新品开发）进行工艺优化，为按时完成生产提供能力保障。技术部采用多方论证可行性分析和技术经济分析，广泛引进先进制造设备和工艺技术，实施制造工艺技术。采用项目经理负责制和目标管理模式管理；组织实施新工艺、技术、材料的研发和应用；通过加强检查审核、专题攻关不断持续改进，确保工艺先进适用。

三、建立完善的质量管理体系

博盈公司建立完善的质量管理体系，在 2011 年推行 ISO 9001 质量管理体系，于 2017 年通过美国机械工程师协会（ASME）颁发的《ASME 压力容器制造授权》US 钢印认证，又于 2018 年推行 ISO 3834 国际焊接质量管理体系、ISO 14001 环境管理体系、OHSAS 18001 职业健康安全管理体系，同时运用了统计过程分析、检验系统、可靠性技术。实施产品质量升级工程、落实质量责任制等举措，主要措施如下：

（一）产品质量升级

为了使产品的质量能持续领先适用，博盈公司质管部，负责组织确定质量改进、攻关项目，通过制定目标、签订责任状进行分解落实，制定可靠性指标体系，运用信息网络技术对各级用户中出现的故障进行统计分析处理。

（二）产品质量控制

在质量控制方面，严格执行质量管理体系中的要求，开展质量特性的统计分析，对符合性、产品可靠性等关键绩效指标进行测量和监控。对过程的异常波动及时采取纠正措施，强调"一次成功"，并将结果公布在公司信息与协同系统上，通过建立质量数据库进行共享。

（三）优质百分百工程

博盈公司运用零缺陷理念，强调第一次就把事情做好，防止问题再发生，在内部和供应商中全面实施，内部由质管部负责，供应商由供应部负责，即以每一批原材料的零缺陷，保证每一项产品的零故障。

（四）质量责任制

"生产者就是检查者，检查员就是顾客代表，岗位责任就是质量责任"是博盈公司的三个质量"责任递进"；为落实质量责任制，在公司的所有部门按"质量动态评价考核体系"进行月度评价，并由各部门分解到员工的月度绩效中，对员工的工作质量和产品质量进行量化动态考核；按照《质量违纪管理规定》对质量缺陷进行追责，同时按《员工质量贡献奖》嘉奖在质量工作中有突出表现的员工。

（五）卓越班组管理

博盈公司明确质管部为卓越班组归回管理部门，制定并推行《班组自主改善活动》《卓越班组管理实施方案》，全面提高班组管理效率和吸引力，激发员工的积极性和创造性；卓越班组通过自主创新、改变不良习惯活动，按5S标准行为习惯，实现员工的技能目标、质量目标、现场改善目标和相关工作目标；逐步实现班组的自主管理，从而达到改进质量、降低消耗、提高经济效益的目的。

四、质量损失控制

根据《质量成本管理办法》开展质量成本信息收集、分析报告工作。公司在财务核算的业务指导下实现过程不合格品处理、质量损失核算、索赔的记录和统计功能，对用户反馈的故障信息和索赔数据进行统计分析。

质管部每月组织质量成本分析，按分析结果提出改进意见并形成报告提交财务部和公司领导，作为公司领导决策的依据，同时也供相关职能部门制定改进措施。通过适当投入预防成本、鉴定成本，达到持续降低质量损失的目的。

五、保证质量的同时，追求制造成本最小化

博盈公司基于以上，确定了产品制造过程控制和改进的主要绩效测量指标，并经过绩效管理平台分解至部门层面、操作层面进行评价、分析、改进，从而达到控制的目的。

为了使制造过程成本最小化，公司通过成本分析会，对制造过程的整体成本

进行了识别，主要包括生产管理成本、质量成本等，并通过采取如下措施来实现成本最小化：

首先，在生产组织中通过订单拉动生产、降低库存和推行全员经营管理，降低生产成本；其次，工艺方面施行作业标准化，并通过不断优化、对瓶颈工序进行工艺攻关等，降低制造费用；最后，在质量控制方面，通过运用新的管理方法、统计技术和在线检测设备，提高检测手段。加强对生产过程和产品的监测，以局部成本的增加换取整体成本的下降。

第六节　严格的质量管理赢得行业领先地位

长期以来，国内饼干市场有一个众所周知的怪现象：容量巨大的国内饼干市场大部分份额被外资品牌把持，外资品牌牢牢占据了国内饼干的一、二线城市和中高档市场；而国内的大中型饼干企业则被迫转向三、四线城市和农村市场，与当地的中小饼干生产企业争夺市场份额，致使食品低端市场竞争剧烈，国内许多饼干生产企业形成微利或亏损的局面。

一、广东嘉士利：誓夺饼干业"大王旗"

2009 年 8 月，嘉士利集团全国经销商、新品发布大会暨"嘉士利"商标被认定为"中国驰名商标"新闻发布会上，嘉士利集团董事长兼总裁黄铣铭先生在会上道出了"打造民族饼干第一品牌"的愿景目标。

在激烈的饼干市场竞争中，嘉士利公司进行了改制重组，重新布局了企业战略，竖起打造"中国饼干大王"的大旗，提出"打造百年民族品牌"的战略目标，并按照现代企业制度运作，加强企业管理，不断提升企业科技力、营销力、品牌力和服务力，同时做好品牌的延伸和扩张，把"嘉士利"打造成为多元化民族品牌。

二、嘉士利现状：中国本土第一大饼干制造商

2014 年，嘉士利在香港联合交易所主板成功挂牌上市，嘉士利成为中国糕饼业第一家在香港联合交易所主板挂牌上市的企业，被赞誉为"国产饼干第一股"。上市后，嘉士利制定了新的战略部署，包括加大生产基地扩建的力度、打

造品牌时尚化、构建学习型企业等。如今，嘉士利的经销及销售网络遍布中国超过 30 个省、自治区、直辖市，拥有近 800 个经销商，超过 30 万个销售网点。

在国内饼干行业增速放缓、市场被众多洋品牌饼干占据的现状下，嘉士利品牌的广泛知名度快速提高，并强势占领中国大江南北市场。这有赖于优良的品质和多元化的产品布局、强大的创新研发能力和经销团队，同时也离不开嘉士利在上市不久，公司审时度势开始实施的"多元 + 规模 + 品牌"的发展战略，以及嘉士利产品严格的质量管理体系。

三、嘉士利拥有完善的质量管理体系

嘉士利公司之所以取得如此优异的成绩，源于其对产品质量的极度重视。嘉士利公司十分重视食品安全管理工作，始终以"为社会提供品质优良、安全卫生的食品"为己任，将食品质量安全、社会责任放在首位。

（一）严格执行国际质量管理标准

秉承嘉士利多年来一直坚持以食品安全第一为生命线和品质为先的优良传统，公司十分重视食品质量安全管理。特别是《食品安全法》颁布后，公司从提高全员食品安全意识、食品安全制度建设、生产过程食品安全管理等抓起，健全和完善了产品从原材辅料进厂到产品出厂的全过程监督管理机制。目前食品安全管理组织机构完善、制度健全、管控执行高效。嘉士利集团已取得了 ISO 9001 质量管理、ISO 22000 食品安全管理、ISO 14001 环境管理等国际认证证书，也是较早取得食品生产许可证（QS）的企业之一。

（二）着力培养全员食品质量安全意识

嘉士利公司加强培训学习，提高全员食品安全意识。《食品安全法》颁布实施以来，嘉士利集团领导十分重视，进行了全方位的培训学习，提高全体员工的食品安全意识。一是采取各种形式多次举办了中、基层干部和员工培训学习班，使全体员工充分认识《食品安全法》的重要性和必要性。二是利用内部刊物进行宣传。利用《嘉士利报》、宣传栏、宣传标语等进行广泛的宣传学习，将《食品安全法》知识普及到全体员工中去。三是将《食品安全法》与《良好操作规范（GMP）》《产品质量法》等相结合进行培训学习，提升了全体人员的食品安全意识。

（三）建立严密的质量监控体系

嘉士利公司强调食品生产前安全管理，把好第一道关。结合《食品安全法》，嘉士利制定了《食品安全管理体系》《食品防护计划》《食品添加剂一览表》等，从源头控制食品的质量和安全。

嘉士利公司强化过程监管，把好第二道关。生产过程是确保食品生产安全的重要环节。公司历来重视生产过程的食品安全管理，特别是改制以来，投入大量资金对生产车间的硬件和软件按食品生产企业规范和《食品安全法》等进行全方位的策划改造。引进了美国高效过滤、杀菌的空气净化设备，对产品进行有针对性的高效过滤和高效杀菌。同时，生产车间实现全封闭、自动化包装、无菌生产和全程监视管理，并且成立食品安全内部监督小组，每星期对生产车间进行食品安全的检查与督导。在长期的质量管理、食品安全和环境管理中形成齐抓共管、层层把关、互相监督的良性循环机制，各种管理更加规范化和标准化。生产过程的软硬件环境更加健全和完善，产品食品安全系数大大提高。

嘉士利公司还完善了产品出厂体系，把好第三道关。产品出厂是确保产品质量安全的最后把关工序。除加强一线产品的检验外，在最后工序中强化将后期检验管理工作前移、下沉，将事后检验改为事前控制，强化前端检验和监督管理。在生产包装车间增加金属检测设备，对所有产品实行金属安全检测，对所有检验人员实行考核持证上岗，对产品进行食品安全"零"风险管理等。通过强化一系列食品安全、产品质量的管理，大大降低了产品不安全的风险。

总之，嘉士利产品一直以品质优良、安全卫生而久负盛名，在全国饼干市场上的品牌知名度和美誉度非常高。这都是靠集团建立了一套完善的从原材辅料购进、配料、成型、烘烤、冷却、包装、入库到产品出厂各环节的质量、食品卫生和食品安全控制管理体系。此外，集团还建立了检测设备齐全、人员专业的品管中心，严格按国家标准对原材辅料、半成品和成品等进行全过程、全方位动态的检验和检测，确保了每一道工序都符合要求。

第九章
邑商企业的运营管理

运营管理指对运营过程的计划、组织、实施和控制，是与产品生产和服务创造密切相关的各项管理工作的总称。运营管理是现代企业管理科学中最活跃的一个分支，也是新思想、新理论大量涌现的一个分支。

现代运营管理涵盖的范围越来越大，已从传统的制造业扩大到非制造业。其研究内容也已不局限于生产过程的计划、组织与控制，而是扩大到包括运营战略的制定、运营系统设计以及运营系统运行等多个层次的内容，把运营战略、新产品开发、产品设计、采购供应、生产制造、产品配送直至售后服务看作一个完整的"价值链"，对其进行集成管理。

供应链管理成为运营管理的重要内容。很多企业开始致力于整个供应链上的物流、信息流和资金流的合理化和优化，与供应链上的企业结成联盟，以应对日趋激烈的市场竞争。

第一节　近代邑商促进五邑物流网络的发展

近代以来，地处珠江三角洲西岸的五邑地区民众乘地利之便，开风气之先，远赴重洋，足迹遍及东南亚、南北美洲、大洋洲等地，最早以普通华工的身份参与到全球化的市场经济体系之中，成为近代跨国移民网络的建构者和实践者。在海外华侨华人的巨额侨汇和跨国商业网络的支持下，五邑地区迅速开启了近代化的进程，由传统的岭南乡村社会逐渐转变成为以"侨"为主要特征的近代侨乡社会。交通的近代化和经济的市镇化在其中扮演着举足轻重的角色。

一、近代五邑航运网络的发展

五邑地区通江达海，河海相通，西江和潭江纵贯其境，崖门口、广海湾、镇海湾面海，为五邑商人投资航运事业、实现水上交通的近代化提供了优越的地理条件。便捷的近代化水运交通网络又成为推动近代侨乡市镇化发展的重要因素。

近代以来，随着海外侨汇的大量涌入，华侨、归侨和地方精英逐渐将部分侨汇转化为侨乡社会资本，投资于五邑航运事业。为适应激烈的市场竞争，五邑航商不断进行技术革新，纷纷更新船只与设备，以便招揽顾客。以五邑地区的开平为例，1884 年，原依靠风帆的长沙—广州轮渡被航商改为以人力脚踏为动力。1889 年，航商张崇郁又将该轮渡改用汽船拖渡等。

除对航行船只的近代化改造之外，五邑侨乡也加速了对港口、码头等航运设施的近代化改造。以五邑地区的江门为例，鸦片战争爆发之初，江门就已经成为西江下游重要的水运枢纽。江门河北岸聚集着大小客货码头 30 余座，然而这些码头大多用一两块桥板搭在岸边供旅客和货物上下。到 1927 年，江门实行市政改造计划，修筑长堤马路，开始对客货码头进行近代化的改造。到 1949 年，江门共有露天码头 179 座，总长 866 米。其中，能泊 100～300 吨级船舶的甲等码头 12 座，能泊 100 吨以下船舶的乙等码头 23 座，丙等码头 144 座。

一个由五邑航商投资、经营、建构而成的近代化水运网络，将五邑地区分散的港口、码头、商埠串联起来，不仅为五邑侨乡商业市镇的兴起和发展提供了方便、快捷、低廉的水运网络体系，还提供了一个面向省港澳，遍及珠三角、西江、南路、高雷廉琼，沟通海内外的开放性商业市场体系。在近代华侨资本的支撑下，以汀江墟、大同市、西廓墟等为代表的一批侨乡墟市，如雨后春笋般遍布五邑侨乡近代化水运网络体系的各个节点之上。

二、新宁铁路与五邑侨乡新兴市镇的崛起

新宁铁路的兴建对近代侨乡市镇建设的意义在于提供了一种全新的近代化的铁路交通模式，对五邑航商建构起的水运交通格局进行了改造和补充，使分散的五邑侨乡市镇联系得更加紧密。

（一）带动铁路周边地带的发展

以江门市区为例，新宁铁路建成后，五邑地区的民众可以通过新宁铁路，从五邑腹地汇聚到江门北街，再由北街码头乘船转往省港澳及美、加、澳、南洋等

海外各埠。以新宁北街火车站、北街海关码头等为中心，北街街区成为江门中心城区之外的另一个商业中心区域。新宁铁路将北街站、白石站和江门站串联起来，使江门市区范围不仅实现了地理空间上的拓展和延伸，也使城区内部之间沟通更加紧密，江门商埠作为五邑地区对外贸易中心的地位更加巩固。

又如，作为新会县城的会城镇，原本主要依靠发达的乡渡水运来沟通城乡经济联系。新宁铁路在新会县城设立会城站和惠民门站，使会城成为水上航运与铁路运输接驳的重要交汇点。这无疑有利于新会会城镇的商业发展，也有利于推动会城城区的市政建设。

（二）涌现出一批新兴侨墟市镇

新宁铁路所经过的台山县和新会县的广大乡村设立了大量的停靠站点。这些站点除少数设立在原有的城区和墟镇市场附近外，绝大多数设立在名不见经传的乡村腹地。站点周边迅速发展成为当地社会经济生活的商业中心，演变成为新兴的商业市镇。例如，斗山原是一个荒僻的村落，只有十来户人家（当时称为大兴），铁路通车后，斗山的规模不断扩大，先后修筑太平马路、山旁马路、西栅市、蟹冈埠等10多条街道，商铺发展到四五百间，一跃成为台山南部商业和交通的中心之一。

三、近代五邑公路交通网络化建设

在巨额侨汇的支撑和刺激下，邑商除投资经营水上交通航运事业和新宁铁路建设之外，还积极投身近代侨乡公路交通网络的建设。近代公路交通的建设不仅进一步完善了五邑侨乡社会近代化的公路交通网络体系，还使五邑侨乡市镇建设获得新的拓展空间。

（一）近代侨乡公路交通网络的投资兴建与商业运营

无论是修筑公路，还是经营汽车运输，五邑侨乡的近代公路交通体系建设一开始就采用了商业化的运作模式。筑路公司采用股份制公司的办法运作，不仅直接吸收商人、华侨、侨眷和乡民的资金入股，还向沿路乡村按人丁摊派股份——人丁股，并将公路沿路占用的田亩的补偿金转化为公司的股份——田亩股。公路竣工后，筑路公司享有路权，既可以自主经营，也可以将路权租赁给行车公司，特许其经营该线路上的汽车运输。行车公司也采用股份制的办法，向侨乡社会各界募集资金入股，购置汽车，在所租赁的公路上经营汽车运输。

（二）近代侨乡公路交通网络的建设对五邑侨乡市镇兴起的影响

市场化的商业运作，使近代侨乡公路交通网络迅猛地发展起来，推动了五邑侨乡交通网络的成熟和完善。水运交通和铁路交通虽然能够充当交通运输的干线动脉，但由于地理环境、航道设施和站点有限等固有条件限制，无法进一步深入到广大的乡村。商业投资运营的公路交通网络，则可以克服水运和铁路运输的局限，弥补其不足，具有相对的灵活性。水上航运线路上的港口、码头和埠头与铁路运输的站点，通过近代化的公路交通网络串联起来，发展成为区域、次区域的中心，并向周边广大乡村延伸拓展。

如开平水口埠位于公益埠的对岸，是开平县的一个重要门户，三埠至广州航线上的船只都以水口埠作为旅客接驳、停泊的中转站点。随着民营商办公路交通事业的兴起，水口埠成为开鹤公路、开新公路、仓水东公路与沙水公路的交会点，不仅可以经公路通往新会、鹤山，还可以直达长沙、苍城、三埠等重要商业市镇。

随着巨额侨汇转化为商业资本，在华侨、商人和地方精英的共同参与和主导下，五邑侨乡社会采用商业化的组织方式，投资于交通事业的近代化建设，建立起水路运输、铁路运输和公路运输三者相互协调、相互补充的交通网络体系。

五邑侨乡交通事业近代化的长足发展，也极大地推动了近代五邑侨乡市镇建设。在近代化交通网络的支撑下，五邑侨乡市镇建设不仅可以依托港口、码头、火车站、汽车站，发展出一个个点多面广、星罗棋布的新兴侨乡市镇，而且使这些市镇拥有了更加广阔的乡村市场空间。华侨、商人和地方精英共同推动了五邑侨乡社会的交通近代化与市镇化的发展，推动了五邑侨乡市镇的蓬勃发展。

第二节　运营管理过程信息的一体化管控

自江门市大长江集团有限公司成立以来，一直稳步发展，如今已成为中国最大的摩托车、摩托车发动机和摩托车零件制造商。

大长江在产品设计、制造、销售及售后服务全生命周期各个阶段的核心业务上建立相应的 IT 系统，极大地提高了各项业务的运作效率，同时在 IT 系统中积累的大量数据也为企业管理决策方面提供有效的支持。

一、过程信息一体化管控的必要性

提起摩托车，人们往往联想到城市限摩、低成本约束以及国外品牌占据优势等严峻的市场环境，在多年来的发展中，来自国内外市场需求的变革使国内摩托车企业在经历蜕变，对信息化的需求不断增长的同时，自身信息化水平也在不断提升，过程信息一体化管控的"内功"得到强化，而大长江集团就是摩托车企业中的典范。

近年来，伴随着企业生产规模的快速发展，大长江集团陆续在各地建立了工厂、分公司。为了使 IT 系统建设能够与集团公司发展以及市场竞争需要同步，大长江集团建立了先进的、适应 IT 技术发展方向的 IT 系统架构，通过 IT 系统规范、统一企业管理标准，提升工作效率，强化和提升企业核心竞争力。在集团范围内采用了 IT 系统建设统一规划管理，系统运行维护根据系统的特点分别采用集中维护、授权维护、自主维护的方式。

二、统一规划和针对性管理

在大长江集团，IT 系统建设统一规划管理主要体现在统一 IT 规划流程、统一 IT 基础架构、统一编程语言、统一使用编码和统一管理模式。总体说来，就是各企业在制定 IT 系统规划时，除按本企业规定的流程审批外，报集团公司审批并纳入统一规划管理，从流程上保证 IT 规划的统一；制定 IT 基础架构标准，标准包含网络、数据库、系统运行平台、系统架构方面，统一 IT 系统基础架构，为保证各公司、各系统之间的集成，降低系统运行维护成本打好基础工作；为便于各公司 IT 系统之间的集成、系统维护管理，相同的 IT 应用系统统一编程语言，为此制定了系统开发编程语言标准。此外，在集团公司范围内建立了编码管理体系，将整个集团所有 IT 系统用到的编码从申请、产生到授码以及取消整个编码的生命周期纳入系统统一管控，避免各公司内部或公司之间的 IT 系统因编码不同造成系统之间不能进行数据交换、系统集成，为此集团总部专门开发了 IT 编码管理系统，按照流程统一授码。在系统建设方面，各企业 IT 系统的实施、应用、运行维护、改进等方面的管理模式、管控流程保持统一，以便于集团公司各工厂之间系统建设、系统运行维护的经验可以相互借鉴和共享，以达到缩短项目实施周期、降低成本、快速部署、共享 IT 系统开发、维护资源的目的。

集团各企业系统根据系统运行维护管理需要，采用集中维护、授权维护和自主维护三种方式：对于整个集团各企业使用同一套 IT 系统，其系统维护、用户授权必须集中管理的系统由集团总部 IT 部门统一维护；对于系统硬件部署在各地工厂，因其系统与集团总部相关系统集成，或与其本地工厂的 ERP 系统集成，其系统变动会直接或可能对集团总部系统产生影响，故采用统一审核授权维护方式，即系统变动报集团总部 IT 部门审核，审核通过后授权各工厂本地系统管理员维护；对于只在本地企业内部使用，且系统变动不会对其他企业系统产生影响的由企业自行维护。

三、IT 架构深化管控效用

目前，IT 系统已经成为企业业务运营不可分割的组成部分。整个 IT 系统的建立使得大长江集团的产品研发、采购管理、生产管理、销售管理、产品售后服务以及相关的财务管理等业务在系统中得以统一管理，整个业务完全依靠 IT 系统进行运作，相关业务流程通过系统得以管控，IT 系统的建立为大长江打造了一条管理流水线，公司各部门在这条流水线上有条不紊地协同工作。

大长江集团还实现了规范、统一企业的基础数据。整个集团公司在产品研发、生产经营管理业务上涉及大量的企业基础数据，这些数据需要规范化，并要能够统一管理，否则各 IT 系统之间将无法有效集成，各公司、部门之间业务流程也无法衔接。大长江集团通过 IT 系统建设使得物料主数据、BOM（物料清单）数据、工艺路线主数据、供应商主数据、客户主数据、成本要素、资产主数据、价格协议、配额协议、科目主数据、检验标准等企业基础数据得以规范和统一，为公司实现精细化管理打下坚实基础。

此外，大长江实现了按订单组织生产，实现整车生产的全方位管控。根据销售需求编制生产计划，由系统自动生成生产订单，发动机与成车严格按生产订单组织生产，生产订单附有产品品种、数量、生产地点（工厂、生产线）、生产开始及完成时间（精确到分钟）、物料清单、辅助材料、工时费用、工艺路线、工作中心、成本中心、收发库位等大量与生产相关的信息，这些信息为生产订单的执行、控制、结算、管理提供了必要的条件，为实现多批次小批量精益生产提供了手段。生产过程中系统按照先进先出原则确定生产订单所需物料的检配批次、数量，并生成检配单组织检配发料，对订单所需物料的检配库位、数量、批次、送达位置和时间实现了准确管控，同时将每一辆成车通过生产订单与其使用的物料批次建立了对应关系，从而保证可通过系统追溯供应商某个到货批次或自制件生产批次的零件安装到哪些车上、销往何地。

四、改进流程，提供决策依据

随着大长江集团 IT 系统应用的不断深入，IT 系统积累了大量的业务数据，以前手工管理状态下掩盖的基础管理问题，通过系统的应用逐步暴露出来，系统中呈现的数据为推动解决基础管理上存在的问题提供了决策依据，为此公司针对性地制定了 IT 系统应用考核管理制度，每月检查 IT 系统业务运作情况，对于检查中发现的应用问题，每月在公司级的 IT 系统应用考核会上进行通报并组织安排解决，从而促进公司业务流程得以不断改进完善。

另外，IT 系统中整车、配件营销业务的开展在系统中积累了大量的业务数据，配以精细化的成本管理和准确的成本数据，为公司管理层进行产品营销分析、制定营销政策提供了有效的数据支撑。

第三节 "精益＋智能"的生产管理方法

中国改革开放 40 多年，一直受惠于人口红利、低廉人工成本及低运营成本的优势，但随着时代进步，以及大环境的转变，制造业正面临着前所未有的挑战，同时又拥有巨大机遇。要生存就要寻求创新与突破，智能升级是未来的发展方向。

鹤山雅图仕印刷有限公司十分重视创新、科技应用及智能发展，早于 10 多年前已开始通过现代科技来探索可持续发展之路。然而各家企业因业务模式不同，智能生产的开展过程中并没有标准模式，雅图仕专门建立团队了解内部需求，同时探索外界信息及科技，并结合自身理念及实际情况，力求开拓出一套能匹配快速改变的市场及客户要求、生产成本低，并能为集团带来持续竞争力的生产模式。

通过不断摸索尝试，雅图仕认为精益升级是一条可行之路，同时再利用先进的科技，可促使精益理念被更有效地发挥，符合公司现阶段实际情况。于是，雅图仕提出了对公司运营有突破性改善的蓝图——梦·工厂。它把精益生产与敏捷生产进行了融合，并通过精益升级、智能升级两个步骤来实现。

一、精益升级

传统企业认为"价格＝成本＋利润"，在确定成本及想要的利润后再决定售价，精益企业则采取不同的思考方式，即"利润＝价格－成本"，价格由市场决定，但是我们可以透过精益改善，降低运营和制造成本，在激烈的市场竞争中实现利润。从 2007 年开始，由精益顾问带领，雅图仕开展了资材费降低项目、劳务费降低项目、生产经费降低项目、人才育成系统高度化项目、设备管理改善项目、生产系统的高度化项目、提案制度项目、自动化改善项目等，大幅削减运营成本，直接生产员工人数减少一半以上。

在项目开展过程中，雅图仕勇于创新，从规划着手，把厂房、产线、设备重新进行了变革，把功能式的布局转变成"一个流"，把混合式生产线转变成"固定/半固定/非固定"生产线，把大型设备逐步转变成可快速转版、柔性、可多机种连续式生产的设备。

适合自己的才是最好的。雅图仕成立自动化研发中心，根据自身业务特色量身打造所需机台，从大型设备到小型模具、从标准通用设备到非标定制设备、从固定设备到柔性多功能设备、从高端设备到低成本简易自动化设备，通过持续学习、不断尝试，打造出一条具有雅图仕特色的创新之路。通过多年努力，雅图仕在自主研发机台或工具的领域上已获得数十件专利。

雅图仕秉持"以人为本"的理念，持续改善生产环境，降低劳动强度，让员工可以安全、舒适地工作。对于噪音大的设备，研发各种隔音设施；针对劳动强度大的工位，开发简易自动化装置来辅助员工进行工作；针对作业幅度较大的工位，利用人机工程，开发出升降装置、简易传送装置，让员工操作变得轻松。

二、智能升级

构建好精益基础的同时，企业想要持续发展需要不断突破。制造业未来的创新及突破，一定离不开智能化。雅图仕多年前已预见到信息化在企业中的重要性，并开始进行 RFID（射频识别）研究和应用。当工业 4.0 概念提出后，雅图仕便制定了智能制造发展路线图，通过学习、交流，开始了智能化升级之路。

（一）信息化建设

构建智能生产系统，首先是进行信息化建设，整个信息化建设包括客户需求、产品信息、生产需求、MES（生产管理）系统、模具管理中心、库存与物流管控、质量管理、成品付运管理。整个思路是要使工业化与信息化两化融合，将信息和数据贯穿整个内部供应链。

生产车间信息规划分两个部分，第一部分是生产机台实时监控，第二部分是手工及成品走货中心，从印刷、印后加工、印后手工到成品走货，沿着产品的工艺路线透过条形码（Barcode）、Handheld（手持计算机）、RFID、心电图等收集所有生产数据。目前，雅图仕机台实时监控技术已应用于 500 多台生产机台中，手工在线生产管控系统已经覆盖 1 000 多条手工生产线。

（二）智能物流系统

雅图仕建立的智能物流系统包括物料及半成品追踪管理、智能成品仓管理、定位技术等。

物料及半成品追踪管理就是将很多系统的数据接合在同一个平台上，可以分析某一个工程单里的物料正在做哪一个工序。另外，利用 RFID 智能闸门对物料进出楼层、发料、领料到各楼层进行监控追踪，自动化控制整个物料及半成品的物流过程。

智能成品仓管理包括：一是系统对卡板货物进行货位分配，自动将货位分配的上货架指令发送给 RFID 叉车。二是叉车司机按照操作指令完成货物上架，二维货架上会直观地显示货物的状态。三是图形化显示货物的具体货位，叉车司机根据作业指令把相应目标货位货物取到装卸平台进行走货。

2017 年，雅图仕成功搭建了一条智能化示范生产线，实现智能货仓、人机协作、M2M（机器到机器）协作、智能运输、实时定位、实时生产信息反馈及远程监控，为搭建梦·工厂打下坚实基础。

第十章

新业态下的邑商企业管理行为

新业态是将传统行业结合现代元素，通过技术创新、新技术改造、不同产业融合等方式形成的新的产业形态。伴随知识经济时代网络技术的推广，互联网、大数据、人工智能，给传统经济实体插上转型发展的"翅膀"，继而诞生诸多新产业、新模式、新业态。而新业态下的企业管理行为，作为企业管理功能实现方式或路径，随着我国产业结构调整和转型升级，特别是从企业合作模式到共享经济新业态的强势发展，正在颠覆着传统劳动关系以及企业管理行为，这无疑对企业管理功能体系设计的内涵和外延提出了新挑战。

第一节 邑商企业：走向工业 4.0

"工业 4.0"是指引入物联网和服务，以智能制造为主导的第四次工业革命。工业企业参与"工业 4.0"有两个核心要素：一是满足客户的个性化需求，利用"工业互联网＋"，柔性制造；二是工业企业不仅仅是生产销售，而且是通过提供更多的服务来创造更高的附加值。

广东道氏技术股份有限公司（简称"道氏技术"），位于江门恩平圣堂镇，是国家高新技术企业，成立于 2007 年 9 月，2014 年 12 月 3 日在深圳证券交易所创业板上市，是建筑陶瓷釉面材料产业的首家上市公司。公司致力于为国内外高端陶瓷生产企业提供"一揽子"产品整体解决方案和原料采购管理服务，公司的研发实力、产品应用开发与技术服务能力在业内处于领先地位。

道氏技术有别于其他釉面材料生产制造企业的一个很重要的方面，是其产品设计开发和综合技术服务能力，并由此提升了公司产品的附加值。该公司是全国首家提出仿古砖整体解决方案，并积极参与国产原料标准化的企业。

该公司的主要产品是釉面材料产品，包括釉料、釉用色料、陶瓷墨水及辅助材料。一直致力于开发高附加值的釉面材料产品是公司差异化的另一个方面。该公司是国内第一家大规模推出全抛釉的企业；公司董事长荣继华等人自主研发的金属釉的产销曾居全球之首，国内市场占有率达全国第一。

一、生产工艺核心技术走向数字化，行业集中度提升

道氏技术的陶瓷墨水奠定"智造"时代基础，被誉为建陶行业第三代革命技术，陶瓷墨水的出现使陶瓷生产工艺的核心印花技术走向数字化，在提升生产效率的同时，为陶瓷材料的个性化定制生产提供了技术基础，陶瓷工业开始具备了自动化智造的基础。据统计，全国釉面材料规模以上企业有1 000余家，其中66%为小型企业。伴随品牌价值凸显、环保趋严、产能优胜劣汰，行业进入加速洗牌阶段，道氏技术作为龙头企业将直接受益于行业集中度提升。

近几年，随着消费者对于陶瓷产品需求的不断升级，陶瓷产品工艺亦发生两次升级，即从单纯功能性的抛光砖向瓷质釉面砖升级，从丝网印刷、辊筒印刷向陶瓷墨水喷墨印刷升级。但总体上，国内企业的经营模式仍以传统制造为主，多数企业以仿制某一种或几种产品为主，相当部分企业仍依靠价格比拼为竞争手段，生产规模、产品技术和附加值普遍较低。国外建筑陶瓷新材料企业核心竞争价值体现在新材料的研发能力、对市场趋势的洞悉以及满足此趋势的新材料开发能力。以技术开发能力、提供新产品解决方案的能力来提升产品的附加值，从单纯卖产品走向提供个性化解决方案是企业转型升级的方向。因此，具有设计能力的公司将会在这场商业模式的变革中胜出。

二、主动适应工业4.0

由"工业4.0"概念可知，建筑陶瓷未来的发展方向之一即是个性化，而个性化主要体现在釉面材料上。特别是陶瓷墨水和喷墨打印技术出现后，这个趋势更是势不可当。而专业化的釉面材料公司已经存在为客户按需定制，拥有柔性生产的前期条件。

如道氏技术这样的专业化釉面材料厂商不仅仅从事工业生产和销售，而且通过不断创新技术和提升服务来满足陶瓷厂和终端客户的需求，适应发展新需求。

随着工业互联网的出现，工业渠道和制造模式都有被加速颠覆的可能，而技术创新和服务型的公司在工业4.0时代作为领导者出现的可能性增加，行业或许会出现新的商业模式，或是扁平化渠道，或是创造出新的需求和价值。

荣继华认为：喷墨技术取代传统印刷技术已经成为行业共识。随着机械、喷头、喷墨技术的发展，原料墨水、釉料墨水的发展趋势已经很明显，3D打印技术、釉面材料全面数字化的时代即将到来，具体时间虽然还不能确定，但是一定会很快实现，公司也会不断地投入人力、资金、技术资源来研发这样的技术，以保证企业在未来的市场占领制高点。国产墨水销量的快速增长，意味着客户对国产墨水的认可度在提升，随着国产墨水稳定性和标准化进一步提升，越来越多的企业愿意使用国产墨水，由最初的墨水企业主动上门推广，到现在瓷砖企业主动上门订货，这个过程是很重要的转变。

这种转变所带来的结果就是：对国外进口墨水的销售冲击非常大。荣继华认为，国产墨水将很快成为国内市场的主流。届时，进口墨水将会被逐渐挤出中国市场，这与早前的传统陶瓷釉料发展格局一样。

三、拥抱"互联网+"

道氏技术参与设立的广东陶瓷共赢商电子商务有限公司（简称"共赢商"），从事陶瓷行业采购和供应商互联网平台的相关业务。

共赢商注册资本3 000万元人民币，道氏技术持股70%。共赢商经营范围包括：陶瓷产品设计、销售、委托加工、技术服务；商品批发贸易；供应链管理；电子计算机技术服务、网络技术服务、网络信息咨询及应用；电子商务贸易；货物及技术进出口代理；广告信息发布、业务宣传。

公告显示，共赢商将整合公司的优势业务资源，大力推动陶瓷行业原材料和产品供应领域的信息化。通过互联网信息平台把业务信息电子化，实现客户与产品供应商之间的高效沟通与交易。

设立互联网平台，体现出公司管理团队具有较强的战略布局能力和执行力，能够适时研判行业发展方向，并做出快速响应。

第二节 邑商企业：朝着绿色、智能制造的目标奋进

雅图仕经过多年稳健发展，已建立了完善的印前、印刷和印后生产体系，成为全球最大的印刷制造商之一，为客户提供全方位的服务解决方案。其未来将强化精益推动，致力探索和实践具有雅图仕特色的工业 4.0 之路，实现高效能的柔性化制造和数据化管理，并朝着智能制造企业的目标奋进。

一、始终践行绿色生产理念

作为利奥集团的主要生产基地，雅图仕占地 1 000 余亩，职员工超过 1 万人，拥有先进的生产技术和强大的生产能力。公司主营产品多元，包括纸板书、常规书籍、游戏套装、礼品和包装等，业务遍布全球，以出口为主、内销为辅，主要出口地包括欧洲、美国和其他海外地区。2016 年拓展国内市场后，雅图仕每年内销业务持续大幅度递增。雅图仕一直贯彻卓越的管理理念，先后获得 30 多项国际管理体系认证，是首批获得"国家印刷复制示范企业"称号的企业，还被授予"全国包装印刷标准化科研与技术推广基地"的殊荣，并获评"十二五"时期"绿色印刷特别贡献单位"。

在书报刊印刷方面，雅图仕一是拥有先进的生产能力。其完善的印前、印刷和印后生产体系，配备先进的生产能力，并通过实施精益敏捷生产提升产能、削减潜在风险和推动业务的可持续发展。二是拥有强大的创新研发水平。雅图仕积极践行"印刷＋"理念，以"印刷＋智能"模式，前瞻性地整合市场现有的新技术和物料，通过微创新、突破性创新，将新技术、新物料及现代声、光、传感技术应用到产品当中，提升产品的附加价值。三是产品安全可靠。雅图仕拥有独立的第三方公正机构——鹤山利奥计量检测服务有限公司，致力提供检测、检验、校准和咨询等专业性的全面品质解决方案。四是拥有全面品质管理体系，确保印刷产品绿色环保。雅图仕重视产品品质和卓越管理的理念，通过各方面运营管理的改善措施，建立并逐步完善了综合管理体系，先后获得 ISO 9001 质量管理、OHSAS 18001 职业健康安全管理、ISO 14001 环境管理、ISO 27001 信息安全管理和 ICTI 国际玩具制造商行为守则等 30 余项国际管理体系认证，于 2018 年11 月被中国工业和信息化部评为"国家绿色工厂"。

二、致力于从源头上推动绿色印刷

雅图仕目前正在从源头上推动绿色印刷。如在机台上，更换了效率高的印刷机（8 色 LED 双面印刷机取代 4 色单面印刷）；在工艺上，推进预涂膜工艺取代传统过胶覆膜工艺（2019 年继续推进引入）；在物料上，全面研发并引用环保材料更替（采用 FSC/PEFC 纸、LED UV 油墨、水性胶水、水性上光油等）；在过程控制上，全面优化能源管理系统、细化能源管理过程、回收压缩空气余热、开展能源需求侧管理、平衡能源负荷，并引进废水在线监控系统，对水质进行全面监控与管理。同时，优化、提升末端治理，如引进生活污泥干化系统，减少约50% 的污泥产生量；在原有的 VOC 治理系统上增加 VOC 综合治理系统等。

此外，其母公司利奥集团是首个获香港品质保证局颁发绿色金融认证的私人企业和制造商，与 7 家大型银行合作签署一项总价值 3.5 亿港元的 4 年期绿色定期和循环信贷贷款（"绿色融资"）。根据集团绿色融资框架书，这笔资金将用来发展 20 个绿色项目。

三、探索并实践具有雅图仕特色的工业 4.0 之路

雅图仕将强化精益推动，致力探索和实践具有雅图仕特色的工业 4.0 之路，实现高效能的柔性化制造和数据化管理，并朝着智能制造企业的目标奋进，不断提升企业的整体营运效率。未来，雅图仕将逐步淘汰高耗能和低效益的机器，引进性能更高的自动化机器，实现设备的更新换代，以配合智能生产；自主创新研发和升级众多生产用的非标设备，打造设备"柔性化"组合拳，以减少劳动力的需求，降低企业的生产运营成本；采取更加务实的方法推动精益改善，推广全员务实精益；透过周详的计划对 ERP 进行逐步升级，以降低劳动强度、改善物流信息和供应链管理；推动组织变革，以配合智能化建设、消除一切浪费（包括显性和隐性的不增值活动），最终提升组织合力与价值贡献。

第三节 邑商企业的"新零售"深度探索

"新零售"是目前区别于传统零售的一种新型零售业态的概念表达。所谓"新零售"，就是应用互联网的先进思想和技术，对传统零售方式加以改良和创新，用

最新的理念和思维作为指导，将货物和服务出售给最终消费者的所有活动。

一、"新零售"的含义及模式

"新零售"并不仅仅是O2O（线上到线下）和物流的简单融合，同时还要融入云计算、大数据等创新技术，它包括全渠道又超越全渠道，打破过去所有的边界，以一种全新的面貌与消费者接触。因此，"新零售"使消费者随时都可以在最短时间内买到自己所需要的商品。而支撑"新零售"活动顺利进行的关键，就是新时代互联网开放的思想和先进的科学技术。

"新零售"最重要的就是以用户体验为中心的商业模式，核心是要满足消费者日益提升和变化的需求，同时兼顾内部员工与上下游的商业合作伙伴，其实质就是要在做好产品和服务营销的同时，做好"人"的工作。"新零售"的模式主要有以下三种：

（一）线上线下与物流结合的同时，实现商品与物流渠道整合

在线下零售商不断开拓线上渠道、线上零售商不断开拓线下渠道的同时，线下与线上的零售商彼此开展合作，实现渠道互补和共赢，这样既可以在物流配送高峰期做到就近配送，实现线上线下产品同款同价，还可以实行线上订货实体店就近取货，或者线下订货线上发货，等等。这种合作不是简单的O2O，而是打破原有的一切边界，多家线上线下零售企业通力合作，形成一个良性循环的全渠道产品及物流配送网络，其中得到最多方便的就是消费者。这种"新零售"模式需要有云计算、大数据等高新技术的后台支撑与配合，也可以创造新的就业机会，甚至可以催生出一些新的职业。

（二）提供更广范围的体验式消费服务，实现消费场景化

消费场景化是"新零售"最主要的发展方向，也是顾客未来需求的发展方向。目前只有少数集购物、餐饮、娱乐为一体的大型实体购物中心在这方面发展较好，其他如百货、超市、便利店等实体零售的体验式消费服务还有待进一步加强。线上电商与线下实体零售体验相结合，并不断努力实现消费场景化，是目前正在探讨和实践的主要模式。

（三）打造"新零售"全渠道产业生态链

这个生态链既包括零售企业内部员工，也包括上游的制造商、下游的商家以及渠道内的所有合作伙伴，多方在一个公共平台上进行更深更广的合作，最后实现互利共赢，共同在不断完善的互联网环境下良性发展。

二、维达的亲子互动快闪店"韧性体验馆"

◆ 拓展阅读 ◆

快闪店是一种不在同一地久留、俗称Pop-up shop或temporary store的品牌游击店（Guerrilla Store），指在商业发达的地区设置临时性的铺位，供零售商在比较短的时间内（若干星期）推销其品牌，抓住一些季节性的消费者。与天猫合作的快闪店包括联合利华、卡西欧、乐高、爱他美、SK-Ⅱ等几十家国际大品牌，生活用纸行业里，维达是第一家。

从2013开始，每年的四五月间，维达的中国行活动贯穿全年，这是维达集团一直坚持做的品牌盛事，目的是建立与消费者沟通的桥梁，让更多的消费者亲身体验到维达高品质的生活用纸。每年的活动，维达总会用新的创意为活动增添亮点。在2018年的维达第六季中国行活动中，首创快闪店模式，打造"韧性体验馆"。

（一）携手影星孙俪，打造韧性亲子观

维达携手代言人孙俪向全国小朋友发起婚纱设计征集，从中挑选5幅代表性作品，将其还原成纸巾婚纱实物，在上海地铁站办了首个"童画纸巾婚纱橱窗展"。

维达所做的，就是希望将汇聚全国孩子想象力的作品呈现给大众，让父母们关注到孩子不同于成人标准的创作背后，所包含的众多独特想法，并以行动去支持孩子，参与到孩子的韧性创作中。据悉，维达联合天猫超市发布了孙俪联名定制款纸巾，孙俪作为品牌代言人参与了此次设计，而她作画内容就是定制包装图案。她还透露，这款新品的设计，除了鼓励孩子放飞想象力外，还希望能让孩子透过跟动物相处，让他们拥有更多的爱与包容心。

（二）携手天猫超市，促进纸品消费升级

童画纸巾婚纱活动，突破了纸品本身的清洁使用场景，打造成亲子间的沟通互动载体——让妈妈与孩子在设计纸巾婚纱的场景中互动交流。这种专属韧性妈妈的亲子生活方式，也是维达携手天猫超市，针对纸品消费升级趋势所提出的。

在与天猫合作的生活用纸企业中，维达是最早的一家。在天猫超市2018年战略发布会上，维达获得了供应链引领奖。2019年维达与天猫的合作，双方围

绕的重点是新零售。如今，新零售成为阿里巴巴、京东、苏宁这些电商巨头发力的重点。维达认识到，新零售表面是"线上与线下的连通与互动"，但更重要的是"消费者价值的改变和体验升级"。

维达与天猫、大润发的联合，表现为线下通过商超卖场大润发扩大快闪店体验范围，线上则与新零售主阵地天猫深度结合，融入智能互动屏等互动，升级纸品消费场景体验。

维达打造的快闪店也是纸品行业首次新零售探索，所以目前还处于新零售探索阶段。无论是电商渠道，还是商超卖场渠道，维达都同步发力，为消费者提供更好的线上线下一致消费体验。据了解，未来关于新零售，维达还将进行深入探索，在天猫超级品牌日、大牌风暴、双十一等重磅节点，推出系列韧性产品，通过科技革新为消费者提供更丰富的产品与消费体验，引领整个行业发展。

通过整合维达与天猫超市平台大数据，维达发现，为消费者带来舒适、安心体验的高端棉韧系列抽纸，近年来销量呈三位数增长；而厨房用纸、湿厕纸等场景细分品类，更是连续两年保持了双位数的增长。

参考文献

<<< References >>>

一、期刊

[1] 林欣. 创新：商场成功的秘诀：记香港嘉华集团主席吕志和 [J]. 沪港经济, 2000 (3).

[2] 张国雄. 唐人街民族经济模式的形成与五邑华侨 [J]. 湖北大学学报 (哲学社会科学版), 2001 (1).

[3] 欧人. 明清晋商商业伦理精神探论 [J]. 现代财经 (天津财经学院学报), 2001 (4).

[4] 丁建平. "赚钱的同时也要赚得信任和尊重"：香港嘉华集团副主席吕耀东访谈录 [J]. 沪港经济, 2002 (4).

[5] 张晓. 晋商商业伦理道德及其现代价值 [J]. 生产力研究, 2005 (5).

[6] 官爱兰. 创业管理：民营企业持续发展的战略选择 [J]. 企业经济, 2005 (12).

[7] 刘进. 民国时期五邑侨刊中的银信广告 [J]. 五邑大学学报 (社会科学版), 2007 (1).

[8] 侯锡林. 企业家精神：高校创业教育的核心 [J]. 高等工程教育研究, 2007 (2).

[9] 黄华. "粤商"企业文化创新研究 [J]. 广东商学院学报, 2007 (3).

[10] 辛小英. 维达纸业的体育智慧 [J]. 经营者, 2007 (23).

[11] 刘进. 华侨精神与全球化背景下的侨乡发展：以广东江门五邑侨乡为例 [J]. 五邑大学学报 (社会科学版), 2008, 10 (4).

[12] 李新春，何轩，陈文婷. 战略创业与家族企业创业精神的传承——基于百年老字号李锦记的案例研究 [J]. 管理世界，2008 (10).

[13] 盛海辉，蒋玲. 传世调味 百年东古 [J]. 源流，2009 (4).

[14] 杨光玉. 安世亚太助力大长江集团管理信息化 [J]. 中国质量，2009 (10).

[15] 马文甲，孟莹. 系统论视角下的企业内部讲师激励体系构建 [J]. 湖北经济学院学报（人文社会科学版），2010 (2).

[16] 大长江集团有限公司. 大长江集团让流程适应产品 [J]. 中国机电工业，2011 (8).

[17] 大长江集团有限公司. 大长江：强化管控"内功" [J]. 中国制造业信息化，2011 (22).

[18] 吴美珍，吕庆华. 现代泉商品牌创新经验探析 [J]. 市场周刊（理论研究），2012 (2).

[19] 天地壹号饮料有限公司. 天地壹号从产品生产向品牌经营转型 [J]. 中国产业，2012 (5).

[20] 王晓萍. 浅谈强化企业质量意识 [J]. 铁路采购与物流，2012 (6).

[21] 郎毅. "科技新浙商"的品牌塑造 [J]. 新闻战线，2012 (11).

[22] 张波，陈标鹏. 关于我国企业加强质量文化建设的几点思考 [J]. 特区经济，2012 (11).

[23] 嘉士利集团有限公司. 嘉士利·利万家 [J]. 中国产业，2013 (2).

[24] 黄洋俊. 我们在行动："创新驱动"系列报道之二：科技创新驱动嘉宝莉崛起 [J]. 中国涂料，2013 (2).

[25] 马卫东. 企业员工招聘的问题与体系构建的重要性 [J]. 现代经济信息，2013 (21).

[26] 李雪松. 李锦记四代家族传承宝典 [J]. 中外管理，2014 (3).

[27] 顾文静. 粤商人力资源管理特色及其绩效评价 [J]. 广东财经大学学报，2014 (3).

[28] 陆守东. 嘉宝莉："专"心致志的活法 [J]. 中国品牌，2014 (7).

[29] 孙宝国. 挑战驱动创新：推动中国传统食品现代化 [J]. 农业工程技术（农产品加工业），2014 (7).

[30] 张丽. 秉承徽商文化精髓培养大学生创业精神 [J]. 宿州学院学报，

2014 (12).

[31] 谢爱丽. 天地壹号的定位问题研究 [J]. 中国市场, 2014 (13).

[32] 孙慧敏. 探讨晋商营销艺术在当今市场营销领域的可研性 [J]. 科技展望, 2014 (19).

[33] 王继远, 纪晓虹. 五邑华侨慈善教育捐赠现状、问题与对策: 以五邑大学接受捐赠为例 [J]. 五邑大学学报 (社会科学版), 2015 (2).

[34] 宋旭民. 解放前五邑民办职业教育概况研究 [J]. 五邑大学学报 (社会科学版), 2015, 17 (4).

[35] 无限极有限公司. 扬质量文化之帆 树无限极品质标杆 [J]. 中国质量, 2015 (8).

[36] 黄洋俊. 嘉宝莉儿童漆 让宝贝远离万 "铅" 烦恼 [J]. 标准生活, 2016 (5).

[37] 叶真志. 维达首发 "立体美" 卷纸产品 突显颠覆性革新能力 [J]. 纸和造纸, 2016, 35 (8).

[38] 郝永涛. 维达纸品科技发布会召开, 携京东共筑健康品质生活 [J]. 中华纸业, 2016, 37 (13).

[39] 董艳. 有效的员工招聘体系对中小企业发展的重要性 [J]. 企业改革与管理, 2016 (15).

[40] 胡国栋. 儒家伦理与市场理性耦合的家族经营: 基于李锦记集团的经验分析 [J]. 理论探索, 2017 (4).

[41] 赵树梅, 徐晓红. "新零售" 的含义、模式及发展路径 [J]. 中国流通经济, 2017 (5).

[42] 董欣育. 泉州民营企业文化的形成、特征和发展建议 [J]. 北方经贸, 2017 (8).

[43] 吕进玉. 无限极从 CSR 到 SDGs 企业社会责任升级之路 [J]. 南方企业家, 2017 (12).

[44] 钟锋. 维达品牌 玩转内容电商 夯实 "韧性" 基因 [J]. 成功营销, 2017 (21).

[45] 刘莉. 论企业创建学习型组织与提升员工综合素质的有机结合 [J]. 才智, 2017 (24).

[46] 祁冠英. 基于供应链的制造业全质量管理系统研究 [J]. 轻工标准与

质量，2018（1）.

[47] 姚婷. 近代江门五邑侨乡的商人与商业广告［J］. 五邑大学学报（社会科学版），2018（2）.

[48] 冯创志，陈志锋. 广东嘉士利食品集团荣获广东十大老字号企业称号［J］. 源流，2018（6）.

[49] 黄海艳，张红彬. 新时代企业家精神内涵及培育机制研究［J］. 国家行政学院学报，2018（6）.

[50] 冯创志. 老区企业界一面闪闪生光的红旗：广东嘉士利食品集团有限公司党委抓好党建促发展［J］. 源流，2018（7）.

[51] 王峰. 客户价值的客户关系管理研究［J］. 环渤海经济瞭望，2018（10）.

[52] 李嘉伟. 新创意　新代言　新升级　维达中国行再启动［J］. 中华纸业，2018，39（11）.

[53] 维达. 携手巨星孙俪，维达开启纸品消费升级新篇章［J］. 中华纸业，2018（17）.

[54] 柳彦君. 我国商帮发展历程阶段性产业结构变化研究：以"邑商"产业结构为例［J］. 特区经济，2019（3）.

[55] 黎博澧，郭新颖，等. 精益＋智能　雅图仕可持续发展之路［J］. 印刷技术，2019（10）.

[56] 雷玄. 解密无限极：从"100－1＝0"到"思利及人"：保健行业高质量发展样本调研［J］. 中国质量万里行，2019（12）.

[57] 蒋景葵. 基于粤商文化的广东市场营销专业文化构建分析［J］. 商场现代化，2019（18）.

[58] 韩婷婷. 大学生的新时代企业家精神培育研究［J］. 文化创新比较研究，2019（35）.

[59] 何永贵，姜莎莎. 基于新业态共享经济的企业人力资源管理模式研究［J］. 管理现代化，2020（1）.

[60] 孙怀平，亨尼·敖特·汉森，杨东涛. 基于地域文化的企业文化与企业竞争力关系研究：以江苏为例［J］. 学海，2020（4）.

[61] 朱沆，曾兢等. 壹号土猪：北大猪肉大王的生意经［J］. 清华管理评论，2020（4）.

[62] 陈振益. 当代红木家具产业"二代"多元化继承方式及特征研究：以江门为例 [J]. 装饰, 2020 (6).

[63] 黄焕仪. 嘉宝莉漆：成就人生色彩梦 [J]. 中国林业产业, 2020 (11).

[64] 李艳双, 肖芸娜. 论企业家创新创业精神的激发和保护 [J]. 财会月刊, 2020 (13).

[65] 石坚平. 四邑侨乡社会交通近代化与市镇化初探 [J]. 五邑大学学报 (社会科学版), 2021, 23 (2).

[66] 陈岚. 科恒实业：探索前沿技术 打造高端产能 [J]. 广东科技, 2021, 30 (3).

[67] 陈亮, 陈振益, 吴明远. 红木整装家居定制现状及创新策略研究：以江门为例 [J]. 家具与室内装饰, 2021 (6).

[68] 聂洪辉, 刘义程. 乡土情怀、企业家才能与中国特色的农民合作社道路：以贵州娘娘茶合作社为例 [J]. 宜宾学院学报, 2021, 22 (1).

[69] 杨晓迎. 企业绩效评价体系中存在的问题与解决对策 [J]. 营销界, 2021 (34).

二、著作

[1] 刘志坚, 李军. 江门五邑海外商业巨子经营之道 [M]. 珠海：珠海出版社, 2008.

[2] 江门市工商联. 万国江："复旦学霸"掌舵高科技企业 [M] //广东省工商业联合会. 辉煌粤商 40 载. 广州：广东人民出版社, 2018.

三、报纸

[1] 丁侠, 邓瑞. 广合腐乳 缔造百年品牌辉煌 [N]. 中国质量报, 2002 - 03 - 15 (027).

[2] 天马. 嘉宝莉品牌价值飙升的背后 [N]. 中国建材报, 2008 - 08 - 25 (B03).

[3] 宋佳. 嘉士利要夺饼干业"大王旗" [N]. 中国商报, 2009 - 08 - 04 (A02).

[4] 李强. 嘉士利：狠抓食品安全 打造民族品牌 [N]. 中国食品质量报,

2009 – 11 – 12（005）.

　　［5］岐江潮. 南区"侨商文化"如何深挖？［N］. 中山日报，2011 – 01 – 31（F2）.

　　［6］张晓茜. 雅图仕冯广源：从父亲酒楼厨房走出的印刷巨匠［N］. 南方都市报，2013 – 10 – 24.

　　［7］周鸿祎. 成功企业家应出山为创业者做导师［N］. 光明日报，2015 – 11 – 21（06）.

　　［8］李雷. 弘扬邑商精神提升实体经济［N］. 江门日报. 2018 – 09 – 21（003）.

　　［9］刘红兵，倪成. 鹤山雅图仕：绿色智能探索特色工业 4.0 之路［N］. 中国出版传媒商报，2019 – 07 – 19（06）.

　　［10］李映泉. 道氏技术董事长荣继华：以创新铸造世界一流材料企业［N］. 证券时报，2019 – 08 – 15（T06）.